Georg Lotz

Wanderungen eines jungen Norddeutschen durch Spanien, Portugal und Nordamerika

Dritter Band

Literaricon

Georg Lotz

Wanderungen eines jungen Norddeutschen durch Spanien, Portugal und Nordamerika

Dritter Band

ISBN/EAN: 9783959135924

Auflage: 1

Erscheinungsjahr: 2015

Erscheinungsort: Treuchtlingen, Deutschland

© Literaricon Verlag Inhaber Roswitha Werdin. www.literaricon.de. Alle Rechte beim Verlag und bei den jeweiligen Lizenzgebern.

Wanderungen

eines jungen Norddeutschen

durch

Portugal, Spanien

und

nord-Amerika.

In den Jahren 1827 — 1831.

Herausgegeben von **Georg Lotz.**

Dritter Band.

Hamburg 1834.

In der Herold'schen Buchhandlung.

Auffassungen

auf einer Reise nach und durch

Nord-Amerika.

———

Dritter Band.

Sechs und zwanzigster Brief.

Baltimore, 7. März 1830.

Wo dem Geist durch stete Kämpfe
Roher Urstoff unterliegt,
Wo — mit der Gewalt der Dämpfe,
Er das Element besiegt,
Lag ein Land der Kund' entschwunden
Und voll Mühe war das Nahn,
Raum und Zeit sind überwunden
Mit dem Blitz der Eisenbahn. —

Nachdem ich der Ruhe gepflegt und mich eingerichtet hatte, erregte meine Aufmerksamkeit zuerst das Gebäude, worin ich mich befand. Die langen dunklen Corridors lassen sich am besten mit denen eines spanischen Klosters vergleichen, jedoch verhinderte der darin stattfindende Lärm, diese Idee festzuhalten. Ein amerikanisches Hôtel ist eine Klingelanstalt, worin nach dem Geläute

1 *

einer großen Glocke aufgestanden, gefrühstückt und
gegessen wird, in der Zwischenzeit wird mit kleinen Klingeln geschellt, in der Absicht, Bedienung
zu erhalten. Des Herrn David Barnums City-
Hôtel ist eine sehr bedeutende Klingelanstalt und
enthält mehrere philantropische Einrichtungen, als
Barbier-, Billard-, Bade- und Lesezimmer.

Es war ein heiterer Sonntagmorgen; durch
einen guten Schlaf, ein Frühstück und ein Bad
erquickt, ging ich auf die Straße, wo sich viele
gepußte Leute nach den Kirchen begaben. Diese
Stadt war mir klassischer Grund. So viele Personen, die ich kenne, hatten hier gelebt. So viele
Verbindungen mit Deutschland fanden hier statt.
Es giebt auch keinen Seehafen, der wichtiger zu
bleiben verspricht als dieser, durch die Eröffnung
der großen Communikation mit den westlichen
Staaten, welche der Ohio und der Missisippi durch-
strömen. Die Communikation wird durch eine
große Eisenbahn bewerkstelligt, von welcher ich
später reden werde.

Indem ich dem Strich der Leute folgte, entdeckte ich sogleich die Hauptstraße der Stadt. — Sie durchschneidet dieselbe von Osten nach Westen und heißt Marketstreet. Die Querstraßen, welche sie von Norden nach Süden durchschneiden, führen nördlich die Höhe hinan zu Reihen von schönen Privathäusern, die zum Theil eine himmlische Aussicht haben, und südlich leiten diese Straßen nach den Quays der Stadt. Die Straßen sind lebhaft, die Läden zahlreich und mannigfaltig; an vielen Stellen halten Fiacres; viele schöne Privat- und öffentliche Gebäude unterbrechen die Reihen — kurz Baltimore hat ein großstädtisches Ansehen.

Es giebt ziemlich hübsche Kirchen hier. Darunter verdient zuerst die katholische Kathedrale genannt zu werden, die schönste Kirche in diesem Lande, welches indessen nicht viel sagen will. Sie ist nach dem Riß des Pantheons gebaut und von Granit, natürlich im verjüngten Maßstabe ausgeführt. Der König von Frankreich hat ihr ansehnliche Geschenke, besonders an Gemälden, gemacht. Es ist hier der Sitz des Erzbischofs und Metro-

politen des Landes. — Das größte Gebäude in
Baltimore ist die Börse. In der Mitte derselben
befindet sich eine hohe Kuppel, dieser schöne Dom
aber dient nur als Entree zum Börsen= oder Lese=
Zimmer. Die Fronten des Gebäudes sind von
Granit. Die große Rotunde tragen Säulen von
cararischem Marmor. Dieser Bau war eine schlechte
Speculation. Das Atheneum ist ebenfalls ein
weitläuftiges Werk, dessen Inneres aber so unklug
verbaut ist, wie das einer egyptischen Pyramide.

Es giebt hier viele Privathäuser mit schönen
Portälen von weißem Marmor. Das merkwür=
digste architectonische Werk aber ist die Washing=
ton=Säule, eine etwa **200** Fuß hohe Colonne aus
weißem Marmor, mit der Bildsäule Washingtons
geziert. Man steigt eine finstere Wendeltreppe
hinan und hat oben eine schöne Aussicht auf Land,
Stadt und Meer. Es ist der höchste Punkt der
Stadt. Die zunächst höchsten sind zwei Schroot=
thürme. Die Kirchthürme sind nur Ideen zu
nennen. Man muß in Amerika keine Kirche nach
Art der europäischen suchen — deren wird die

neue Welt nie sehen. Der Name Kirche wird hier auch zum abstracten Begriff; der zur Versammlung einer Gemeinde bestimmte Ort heißt kaum mehr so. Es sind eine Unzahl kleiner Plätze vorhanden, wo man sich der Religion auf sehr mannigfache Weise befleißigt. Es giebt deren an 80; in New-York soll es an 200 geben. Kirchen zu bauen ist in diesem Lande eine Privatunternehmung auf Speculation, man sucht einen guten Prediger hineinzusetzen und geht in Opposition gegen die Anderen los. Zuweilen macht eine Religion Banquerott und dann erhebt sich eine neue auf ihren Trümmern. Das meiste Feld gewinnen jetzt die Methodisten, welche fleißig heulen und schreien. Die Schwarzen verspüren besonderen Trieb dazu. Eine der sonderbarsten Ausgeburten der religiösen Schwärmerei sind die Jumpers, welche Gott tanzend verehren. Am weitesten aber hat wohl die völlige Freiheit der Lehren eine Miß Wright geführt, welche unlängst predigend durchs Land zog, die aber zum Glück nicht viele Anhänger fand.

Da man den Sonntag in den Vereinigten

Staaten eben so streng wie in England feiert, so konnte ich den ganzen Tag mit Niemand als mich selbst conversiren und erst am folgenden Morgen Besuche machen.

Es ist gänzlich verpönt für den gewöhnlichen Mann sich am Sonntag ein anderes Vergnügen als Nichtsthun zu machen: anstatt daß derselbe bei uns mit seiner Familie auf das Land geht und dort seinen Kaffee trinkt, besucht er hier am Abend noch die Kirche. Ich halte diesen Mangel an öffentlichen Vergnügungen an Sonn= und Fest=tagen oder vielmehr Nachmittagen für eine der Ursachen des Lasters der Trunkenheit.

Ich war am Montag so glücklich, einige sehr angenehme Bekanntschaften zu machen, von denen ich reden werde; über alles angenehm war es mir, daß Herr R. mich aufsuchte, so bald er meine Ankunft erfahren hatte.

Am Abend war der letzte **Assembly Ball**, wozu R. mir eine Einladung besorgte und mich abholte. Der gute R. wäre fast das Opfer seiner Gefälligkeit geworden. Kaum von einer Krank=

heit hergestellt, verließen ihn seine Kräfte, sobald
er einige Minuten im Tanzzimmer, gewesen war,
und er mußte zu Hause fahren. Es freut mich,
daß er weiter keine Folgen verspürt hat, die wär=
mere Frühlingsluft führte ihm nachher völliges
Wohlseyn zu. Ehe er den Ball verließ, band er
mich seinem Freunde, dem Advocaten P. auf die
Seele, welcher sich auch angelegentlich meiner an=
nahm. — Derselbe machte mich mit den beiden
Schönheiten bekannt, Miß E. W. und W., mit
denen ich tanzte. Erstere war die Königin des
Festes. Ihre Züge sind etwas im deutschen Styl
und sanfter als die amerikanischen. — Nachher
machte ich auch die Bekanntschaft der Madame
Bonaparte, Frau von Jerome, Sohn des Ex=Kö=
nigs von Westphalen. Der junge Bonaparte sieht
seinem großen Onkel sprechend ähnlich, ist in sei=
nem Wesen bedeutend, ernsthaft, aber sehr zuvor=
kommend.

Meine Bekanntschaften dehnten sich nun bald
aus, aber concentrirten sich dann wieder in einige
liebenswürdige Familien. Im Ganzen ist Balti=

more ein aristocratischer Ort, dessen erste Zirkel aus Familien zusammengesetzt sind, welche ich Patrizier nennen möchte, und deren Ansprüche theils aus Reichthum, theils aus Verdienst um das Land, theils aus Abkunft zusammengesetzt sind. Man fängt hier an, viel Werth darauf zu legen, einen Großvater gehabt zu haben, welcher sich bei dem Revolutionskriege auszeichnete.

Eine angenehme Bekanntschaft machte ich in Herrn C. und seiner Familie. Eine andere Familie, womit ich ziemlich genau bekannt geworden bin, sind die H., welche eben so zahlreich als angesehen ist. Herr J. H. ist derselbe, welcher früher in London Kaufmann war. Er ist jetzt hier von allen Geschäften zurückgezogen in einem schönen Hause, welches **Chattsworth** heißt.

Wenige Tage nach meiner Ankunft in dieser Stadt fand ich Gelegenheit, die größte Merkwürdigkeit derselben zu sehen — ich meine die Eisenbahn. Der Herr Alexander Brown, welcher mit an der Spitze dieses Unternehmens steht, holte mich

in seinem Gigh ab und fuhr mit mir eine Strecke
aus der Stadt gegen Westen. Daselbst empfing
er die große Familie Prime aus Newyork. Zu
Ehren derselben sollte das Experiment gemacht
werden mit dem Segelwagen. Die technische Beschreibung verschiebend, will ich des Resultats dieses interessanten Versuches erwähnen. Ein leichter
Korbwagen, dessen Räder genau auf die eiserne
Spur passen, stand fertig aufgeziert — ein Wim-
pel wehte vom Mast und die amerikanische Flagge
am Flaggenmast. Die Gesellschaft fand bequem
gepolsterte Sitze im Wagen. Ein kleines Segel
wurde aufgezogen — ich glaube es heißt Bram-
segel — ein leichter Seitenwind blies hinein und
bewegte uns erst langsam, dann aber mit zuneh-
mender Geschwindigkeit vorwärts. Bald flogen
wir rasch über Felder und Wiesen und saßen dabei ohne Geräusch, ohne Bewegung. Wir ge-
standen einstimmig, daß Eisenbahn und Segelwagen
eine herrliche Erfindung seyen — und konnten
nicht genug die Größe dieses Unternehmens bewundern, als wir darauf über einen Abgrund

bequem hinwegglitten, worüber man für die Eisen=
bahn eine **70** Fuß hohe Brücke von Granit ge=
baut hat. Wir erreichten das einstweilige Ende
der Eisenspuren, hier drückte Herr B. einen Hand=
griff und leicht stand der Wagen still. — Wir
schickten uns eben an, auszusteigen und zurückzu=
gehen. „Nein," rief Herr Brown, „meine Da=
men, die Elemente sind nicht so unhöflich wie
Sie glauben, sie dienen mit Vergnügen, wenn
wir ihnen nur die Gelegenheit geben wollen,"
so sprechend wandte er sein Segel auf die andere
Seite des Wagens, und siehe! alsbald setzte dieser
sich in Bewegung und derselbe Wind führte uns
durch die verschiedene Stellung des Segels wieder
wohlbehalten an Ort und Stelle zurück. Herr
Brown erndtete großes Lob, das Volk war hoch=
erfreut — vor ein paar hundert Jahren würde
man ihn als einen Hexenmeister verbrannt haben —
hier empfängt er die Huldigung und den Beistand
seiner Landsleute. Man machte nun einen Ver=
such mit der vermehrten Kraft eines Pferdes, und
eine Maschine von der Größe eines großen Bootes

wurde mit ihren vier massiven eisernen Rädern auf die Bahn gestellt.

Herr Brown lud die Menge ein, darauf Platz zu nehmen, und der Lastwagen bevölkerte sich mit so vielen Personen, als nur darauf stehen konnten, etwa drei Dutzend. — Nun wurde ein Pferd vor= gespannt — zog an — und lief so leicht, als wenn es ein Cabriolet zieht — im starken Trabe davon, ganz bis an das Ende der Bahn, ohne sich zu erhitzen.

Man kann sich, wenn man dieses sieht, nicht des Gedankens erwehren, was für eine Verände= rung Eisenbahnen in der Welt hervorbringen können. Flüsse und Kanäle würden zu Schan= den, Dampfböte zu Thorheiten gegen Dampfwa= gen auf Eisenbahnen. Regierungen würden mit Götterkraft wirken und Armeen spielend von einer Provinz in die andere befördern. Die Schwie= rigkeiten, welche sich in den Weg legen, sind die großen Kosten der ersten Einrichtung und des Terrains, welches glücklicher Weise dieser neuen Kraft Gränzen und Gesetze setzt.

Beide Hindernisse hofft man zu beseitigen. Ersteres durch die Einigkeit der reichen Bewohner dieser Stadt, welche alle ihr Vermögen daran setzen, des glänzenden Erfolgs gewiß. Das zweite Hinderniß ist schwieriger zu besiegen. Die Absicht, hier eine große Communication mit den westlichen Staaten dieses Landes zu öffnen, der Stadt einen ausgebreiteten Handel zu sichern, erfordert, daß man mit der Bahn bis zum Ohio=Fluß vordringe. Man nimmt von hier bis zu Harpers Ferry einen fast geraden Weg und überwindet das Terrain durch Brücken, Einschnitte und Wälle. Um durch das Alegheny=Gebürge zu bringen, will man den Lauf des Potomac benutzen und durch seine Thä= ler die Bahn führen bis zu dem großen Kohlen= Terrain bei Cumberland, wo sich das Weitere dann finden wird. — Die Kosten werden ohne Zweifel sehr bedeutend seyn. Die ersten Meilen von Baltimore sollen **100,000** Dollars per Meile gekostet haben wegen einiger großen Brücken und Durchschnitte von Erhöhungen — indessen sagt mir Herr Brown, daß auf ebenem Terrain für

8000 Dollars die englische Meile sehr gut fertig
geliefert werden kann, und daß er das ganze
Werk auf einen Durchschnitt von 26000 Dollars
per Meile gewiß gut angeschlagen habe. — Die
Bahn an und für sich ist von denen verschieden,
welche ich in England gesehen habe. Sie ist hier
breiter und über den Grund erhaben gelegt, wel=
ches beides seinen guten Nutzen hat. Die Bahn
ist stets doppelt zum Hin= und Herfahren einge=
richtet. Unter den Spuren sind Queerbalken, je
6 Fuß weit, in den Grund gelegt, und über diese
hin liegen die Balken, welche die eisernen Leisten
tragen, auf welchen die Räder laufen. — Diese
Balken sind 3½ Fuß auseinander. — Auf der
inneren Ecke derselben liegt die Leiste, welche die
Dicke einer gewöhnlichen schwedischen Stange ha=
ben mag. Das Rad läuft, durch einen über=
stehenden Rand gehalten, genau auf der Leiste
fort. —

Dieses ist die bekannte Art von Eisenbahnen,
welchen aber eine neue Erfindung beigefügt ist,
die der ganzen Einrichtung die Krone aufsetzt.

Ich meine das Rad mit der schwebenden Achse, gewöhnlich friction wheel genannt. Da dasselbe wahrscheinlich wenig bekannt ist, so will ich versuchen, eine Idee davon mitzutheilen. Ein armer Mann hat hier diese Entdeckung gemacht. Er stellte die Betrachtung auf, daß ein Wagenrad, welches sich um seine Achse dreht, durch die befestigte Achse eine Reibung erleidet, die dem Fortgange des Wagens hinderlich ist. Er fand die Mittel, dieser Reibung um die Achse vorzubeugen. Er ließ den Mittelpunkt des Rades hervorstehen, und legte ihn in den Rand eines zweiten Rades, welches eine bewegliche Achse hat und die Last des Wagens trägt. Der Knopf des ersten Rades berührt nur an einer Stelle, und zwar oberhalb des innern Randes, das zweite Rad. Indem der Wagen fortläuft, bewegt sich das zweite Rad nur sehr langsam, selbst bei dem schnellsten Rollen der ersteren. Die Reibung ist also sehr gering, und die Leichtigkeit der Eisenbahn-Wagen dadurch ins Unglaubliche vermehrt.

Das Modell zu einem Wagen war hier auf

der Börse ausgestellt und ward jetzt auf Verwen=
dung des Herrn Baron von Krüdener, russischen
Gesandten zu Washington, an den Kaiser Nico=
läus nach St. Petersburg geschickt. Man sagt,
daß man mit einem gewöhnlichen Zwirnfaden einen
Mann darauf fortgezogen habe. Es versteht sich
von selbst, daß diese Erfindung nur auf einer
ebenen Fläche, wie eine Eisenbahn, angewandt
werden kann, da der Mittelpunkt nur lose im
Ring des Rades ruht, und höchstens durch einen
Rand gehalten werden kann, so würde ein uneben=
ner Weg den Wagen fallen machen, welches je=
doch auf der Bahn keine Gefahr hat, ja selbst
gar nicht angehen kann. Man kann auch zur
Stärkung des Rades eine Stange anbringen.

Ich übergehe mit Stillschweigen eine Anzahl
Gesellschaften, **Parties**, wie sie heißen, in denen
sich nichts Besonderes zutrug. Die Personen
wiederholen sich fast in jeder derselben, und fallen
meistens in die Classe des Gewöhnlichen zurück.
Ich habe darin eine Anzahl sehr schöner Frauen=

zimmer bemerkt, worunter ich die Namen einer Miß W. und Miß X. als ganz vorzüglich aufzeichne. Hier ist, könnte man sagen, das Paradies Muhameds; die Houries beleben die Spaziergänge wie die Gesellschaftszimmer. Die jungen Damen sind sich indessen ihrer äußeren Vorzüge wohl bewußt, und führen eine Sprache wie in Calderons Lustspielen, d. h., sie setzen voraus, in jedem Manne einen Sclaven zu haben. —

Sieben und zwanzigster Brief.

Washington, 10. März 1830.

Hier befinde ich mich in der Hauptstadt
Amerikas, in dem Centralpunct, von wo aus eine
halbe Welt, regiert wird! wahrlich man sieht, was
der menschliche Wille vermag! — Der große
Mann sprach: es soll seyn, und es war — keine
weiteren Ansprüche hat dieser Platz auf diese Ehre.
Weder Central nach den Grenzen des Landes,
weder im Mittelpunkt der Industrie, weder um=
geben von einer großen Bevölkerung, woraus Ta=
lente und eine öffentliche Ansicht hervorgehen können,
ist hier der Sitz einer weiten Regierung auf einem
einsamen Hügel gebaut, von wo aus man zwar
eine sehr schöne Aussicht hat, allein keineswegs
den großen Plan erblickt, der da gemacht worden
ist, die Ufer des Potomac zum Emporium der

2 *

neuen Welt zu erheben. Der große General, nachdem er die Unabhängigkeit dieses Landes bewerkstelligt hatte, wußte nicht, wohin er den Sitz der Regierung legen sollte, Baltimore schien ihm die schönste Lage, allein schon damals existirte die Eifersucht unter den Staaten dieses Landes, welche es nöthig machte, einen von allen Staaten unabhängigen District zu begründen, um daselbst den Sitz der Regierung hin zu verlegen. Der unbevölkerte District wurde vom Feinde im Jahre 1814 sehr leicht in Besitz genommen, und der Sitz der Regierung total niedergebrannt. Damals wäre der Augenblick gewesen, denselben prächtiger denn je zuvor, nach dem majestätischen Baltimore hinzuverlegen, oder den wirklichen Mittelpunkt des Landes, wie Cincinati seyn mag, aufzusuchen; allein die Verschiedenheit der Meinungen machte die Debatten darüber so weitläuftig, daß es beim Alten blieb. Dasselbe Hinderniß, welches damals statt fand, existirt immer und wird auch wohl hinfüro verhindern, daß die Hauptstadt nach einem anderen Platze verlegt wird. Die Hälfte der

Senatoren ist von den kleineren und natürlich zahl=
reicheren Staaten der Seeküste und darum wird
der Senat gegen die Verlegung der Hauptstadt
ins Innere seyn, selbst wenn die Bevölkerung der
westlichen Staaten so groß werden sollte, daß zwei
Drittheile der Repräsentanten für die Veränderung
stimmen sollten. Dies sind die Hauptgründe,
warum ich es für vortheilhaft halte, das Grund=
eigenthum in dieser Stadt nicht zu veräußern,
obgleich ich voraussehe, daß es noch eine lange
Zeit dauern mag, ehe Washington aufgebaut ist.
Sollte indeß eine Regierung kommen, welche
Mittel besitzt, die Aristocratie, den Reichthum und
das Talent des Landes um sich zu vereinigen, so
wird sich, bei der Eilfertigkeit dieser Nation, diese
Stadt rasch heben. Ich erreichte das von Bal=
timore 36 englische Meilen entfernte Washington
in 5½ Stunden auf einem fast schlechten Wege in
einer stoßenden Kutsche, wie es in diesem Lande
auch keine andere giebt. Ein kalter Wind blies
tapfer durch den Wagen hin. Die Kutschen hier
haben nämlich anstatt Seitenwände nur zuge=

knöpftes Leder, durch dessen Oeffnungen im Winter Kälte und im Sommer Stuub dringt.

Ich erreichte kurz vor Tischzeit den Gasthof **National Hôtel** und bekam ein kleines Zimmer im zweiten Stockwerke. Es war die folgenden Tage sehr kaltes, unangenehmes Wetter, und ich mußte, da die Thür meines Zimmerchens in die freie Luft ging, viel frieren uud befand mich überhaupt sehr unbequem und ohne Bedienung. Dieses große Hotel wird von einem Engländer, Namens Gadsby, gehalten, ein pathetischer Gastwirth. Die Personen, so ihm bekannt sind, und nicht zur Legislatur gehören, werden sehr weniger Aufmerksamkeit gewürdigt. Mit mir wollte kaum der Oberkellner (**Bar-Keeper**) reden, und auf meine Bitte mir die Wohnung von Jemanden zu sagen, an den ich empfohlen, erwiederte er kurz ein „Weiß nicht." So der Herr, so der Knecht. Bei Tische paßte kein Aufwärter auf mich und ich stand bei dem raschen Essen hungrig auf. — Ein alter Mann, der mich beobachtet hatte, kam, als ich fortgehen wollte, und fragte mich: „**pray Sir, are not you**

a Son to Mr. — of —?" Es war Capitain
Derby, der meinen Vater vor 30 Jahren in Ame=
rika und später in B. gesehen hat, und mir viel
von jener Zeit erzählte. Der Himmel sandte ihn
recht zu meiner Rettung, indem er mir allerlei
Auskunft über Washington gab, welches er mit
dem größten Vergnügen that, da er sich meines
Vaters sehr freundschaftlich erinnerte.

Am Nachmittage ging ich nach dem Capitol
und erreichte die Höhe der Stufen, als die Sonne
anfing unterzugehen. Das Capitol beherrscht die
ganze Gegend, der breite Potomac verliert sich in
der Entfernung wie in ein Meer. Die pensilva=
nische Alee führt nach dem angebaueten Theile
der Stadt, weiterhin liegt die Stadt George=
town und am anderen Ufer Alexandria. Dieses
alles sieht man von den Stufen des Capitols —
eine weite, schöne Landschaft; durch die colossalen
Säulen dieses Gebäudes, im Glanz der Abend=
sonne ist ein großer Anblick, von dem ich mit
Faust sage:

Ich sah im Abendstrahl
Die stille Welt zu meinen Füßen,
Entzündet alle Höhn — beruhigt jedes Thal,
Den Silberstrom in goldnen Flächen fließen ꝛc.

Das Capitol ist ein sehr schönes und colossales Gebäude aus weißem Marmor und sehr imposant. Nach der Stadt zu gehen regelmäßige Terassen den Hügel abwärts. Dieses Gebäude ist so oft abgebildet worden und so bekannt, daß es überflüßig ist, es zu beschreiben. Die Lage ist schön, die Verhältnisse sind richtig und die Einrichtung ist zweckmäßig. Dabei gewährt es, besonders durch die drei Kuppeln, einen imposanten Anblick, und man fühlt sich unter dem Großartigtigen selbst groß und kann sich eines Gefühls von Ehrfurcht nicht erwehren, wenn man bedenkt, daß aus diesen Hallen Gesetze für eine Hemisphäre hervorgehen, — daß hier ein Monument der Unabhängigkeit hoch in die Luft ragt — hier der Sitz einer gesetzgebenden Macht ist, mit der hohen Bestimmung, daß nur Talent und Achtung, nicht aber Geburt und Reichthum gelten soll. —

Ich war durchdrungen von der Bedeutsamkeit, von dem Geschichtlichem des Platzes, worauf ich stand, und hielt mich in andächtigen und contemplativen Gefühlen vertieft, daselbst auf, bis die Nacht und die Kälte mich zwangen, mein Obdach zu suchen.

Als ich in das Wirthshaus zurückkam, bot mir einer der sonst groben Aufwärter ein Billet an zur Maskerade, welche am Abend statt finden sollte, und da ich nichts anderes anzufangen wußte, so nahm ich es an. — Ich fuhr in gewöhnlichem Ballanzuge in das Theater, wo die Maskerade statt finden sollte, allein es war ein sehr mißlungener Versuch. Nur ein paar Masken befanden sich dort, die scheu wie die Eulen, das Licht flohen. Die anderen vernünftigen Menschen saßen in ordentlichen Kleidern da und verfolgten die Unglücklichen mit den Augen, so daß diese zuletzt, keinen Schlupfwinkel mehr findend, entflohen. — Das Bild des Präsidenten war transparent illuminirt vor seiner Loge angebracht. Glücklicherweise war ein Concert mit der Maskerade verbunden und so gab es doch einige Unterhaltung. Ich hörte ein

Adagio auf der Trompete (!) vortragen. Auch
war ein gutes Buffet da.

Da der preußische Gesandte abwesend war, so
hatte ich unter den Diplomaten keine Introduction.
Von Freund R. hatte ich ein Empfehlungs=
schreiben an den Honorable N. S. von ..., wel=
ches mir sehr nützlich war. Derselbe ist Senator
für M., eine der ausgezeichnetsten Stellen. Durch
die Ungeschicklichkeit eines Bedienten wurde ich in
ein Zimmer gewiesen, wo sich seine Tochter, Miß
S. befand, welche die **Belle** von Washington
ist. Ganz gegen die Sitte des Landes befand ich
mich ohne Introduction tête à tête mit der ele=
gantesten Dame des Ortes — que faire? —
Ich war stumm und muß den feinen Tact dieser
Dame bewundern — sie begriff leicht den Zusam=
menhang der Sache, vergaß die verfehlte Forma=
lität und mit der Gewandheit einer Weltdame
wußte sie durch ihre liebenswürdige Unterhaltung
mich rasch das drückende der Lage vergessen zu
machen. Glücklicherweise erschien ihr Bruder bald
und ich konnte meinen Empfehlungsbrief abgeben

welcher mich darauf, moûtarde après diner, vor=
stellte. Ich wurde gleich eingeladen, die Familie
auf den Abend nach einem Ball bei dem fran=
zösischen Gesandten, Comte de Menou, zu beglei=
ten. Der Herr S. junior ging darauf mit mir
nach dem Capitol, dessen innere Einrichtung er
mir zeigte. Auf beiden Seitenflügeln wehten Flag=
gen, welches das Zeichen ist, daß beide Häuser
versammelt sind. Wir gingen in die herrliche Bi=
bliothek, welches eigentlich der Prachtsaal ist, der
Altan vor den Fenstern hat eine weite Aussicht.
In der großen Halle befinden sich historische Ge=
mälde, National=Denkwürdigkeiten darstellend, deren
Personen Portraits sind. Sie sind recht gut ge=
malt von amerikanischen Meistern, die sehr die
französische Schule nachzuahmen suchen, besonders
im Colorit; die Gruppen sind gesucht und nicht
natürlich genug. Es ist aber doch nicht zu läug=
nen, daß die Amerikaner Sinn für die bildende
Kunst besitzen — wenigstens mehr als für die
übrigen Künste.

Darauf gingen wir in's Haus der Repräsen=

tanten, wo gerade abgeſtimmt wurde, mithin nichts Intereſſantes vorfiel. Wir waren auf der Galle= rie — am andern Ende ſaßen einige gepußte Damen — ich fragte, wer ſie wären, worauf S. erwiederte: **We ought not to know them.** — So viel von den Repräſentanten. Wir gingen dann zum Senat, dem andern Heiligthum der Nation. Dieſe nahmen es genau mit den Zu= hörern, und Niemand wurde eingelaſſen, wen nicht ein Senator einführte. Im Vorzimmer mußten wir ſo lange warten, bis Senator S. herausgerufen wurde, welcher uns in den Saal mitnahm. Es waren viele Damen der Familien der Senatoren zugegen. Dieſelben ſaßen ſogar auf den Sißen der Senatoren, und bei wichtigen Verhandlungen ſoll die ganze ſchöne Welt der Stadt ſich hier einfinden. Ohne unterſuchen zu wollen, in wie fern es weiſe oder zweckwidrig ſey, den Damen zu erlauben, bei dieſen Debatten ge= genwärtig zu ſeyn, wo die Männer einzig und allein ihre Aufmerkſamkeit dem Lande widmen ſollen, deſſen Schickſal ſie beſchließen, will ich nur

bemerken, daß sie hier dadurch großes Interesse
an der Staatsverwaltung nehmen und den Ruhm
ihrer Männer theilen.

Ich werde nie das triumphirende Gesicht der
Frau des berühmten Senators Hayes vergessen,
der durch seine hinreißende Beredsamkeit die Welt
in Erstaunen setzt. Er und Webster sind die an-
erkannt besten Redner dieses Landes. Beider
Reden werden von den Journalisten verschlungen.
Webster trägt alle äußeren Zeichen eines großen
Mannes. Sehr markirte Züge, ein dunkles Auge,
bedeutenden Blick, etwas gebückte Stellung, und
einen Kopf, an dem Doctor Gall einen neuen
Beweis für sein System finden könnte, eine solche
Entwickelung des Schädels, vorzüglich der oberen
Theile und der Stirne, findet man selten und
vielleicht gar nicht mehr.

Der nächstberühmte Redner ist vielleicht Living-
ston, welcher gerade sprach, als ich da war. Seine
Discussion war sehr interessant. Er empfahl der
Versammlung den Verkauf aller öffentlichen Ländereien in Louissiana zu beschließen, weil die Ei-

genthümer der wenigen Privatbesitzungen eine zu
große Last mit der Eindämmung des Mississippi auf
sich hätten, und diesen Verkauf der Ländereien riethe
er selbst zu erzwingen, ja jene um nichts hinzu-
geben, wenn es nöthig sey. Wir warteten den
Beschluß der Versammlung nicht ab. —

Was nun den Präsidenten anbetrifft, so könnte
es allerdings nicht schaden, etwas mehr Respect
für ihn zu haben. Seine Levers sind so gemischt, daß
die Damen sagen, es sey die schlechteste Gesellschaft in Washington — es soll ein sehr starker
Verbrauch von Getränken dort seyn. — Kaum
ist der Präsident gewählt, so sind schon alle Zeitungen voll davon, wer der nächste Präsident seyn
werde, und schon ist eine Parthey für Clay, für
Webster und Andere im Gange. Sie haben Zeit,
die Candidaten erst gehörig zu mißhandeln. —
Des Präsidenten Gehalt ist so klein, daß mehrere
fremde Gesandte es ihm zuvorthun. Er kann
nichts darauf verwenden, einen gebildeten Cirkel
um sich zu versammeln, noch etwas thun für
Kunst und Wissenschaft. Sind vier Jahre um,

so liegt er da, wie eine ausgepreßte Citrone; jedes Gehalts beraubt, hat er sich seinen Unterhalt zu suchen, und der Beherrscher dieses weiten Landes stirbt oft verarmt und verlassen. Eine solche Einrichtung kann unmöglich bestehen unter einer civilisirten Nation; es wäre zu wünschen, daß sie hierin etwas mehr Würde an den Tag legte, damit nicht einmal ein ehrgeiziger Mann durch den Mangel derselben gereizt werde zu Schritten, welche das entgegengesetzte Extrem herbeiführen würden. Fast alle gebildete Menschen, die ich in diesem Lande gesprochen habe, sehen diesen Mangel ein. Gegenwärtig ist man darüber aus, die Zeit der Präsidentur zu verlängern. — Bis jetzt hat man dazu Männer gehabt, welche sich schon im Revolutionskriege auszeichneten. Dies hört aber auf; je weiter die Zeiten vorrücken, je mehr Candidaten werden sich für die Präsidentur finden, und schon die nächste Wahl wird schwieriger als die letzte seyn.

In sorgfältiger Toilette fuhr ich am Abend zu S. — Miß S. war schön wie ein Engel,

ein Kopfputz von Marabouts gab ihr fast ein
ätherisches Ansehen, von der Schulter herab trug
sie über die Brust, unter dem Arm befestigt, ein
Band von großen Amathysten in Gold gefaßt,
das weiße Atlaskleid war mit Rosen besetzt. Als
ich sie in das Ballzimmer führte, bemerkte ich
deutlich, welch eine Sensation sie erregte. So=
bald sie den Wirth begrüßt hatte, rannte Alles
herbei, um sie zum Tanzen zu engagiren. Trotz
der Huldigung der Menge, vergaß meine schöne
Protectrice nicht einen Augenblick, sich des unbe=
freundeten Fremden anzunehmen. Die Art meiner
Introduction war ihr wahrscheinlich zu originell
vorgekommen, als daß sie sich nicht hätte piquiren
sollen, das angefangene Werk zu vollenden. Mit
der größten Anmuth stellte sie mich allen ihren
Bekannten vor, und ich lernte auf diese wünschens=
werthe Art die merkwürdigsten Personen kennen.
Hier kam ein junger Diplomat und lispelte fran=
zösisch, dort ein Congreßmitglied und schüttelte ihr
die Hand, dann eine ältliche Dame, welche sehen
wollte, ob ihre Steine ächt seyen, und jetzt ein

freundschaftsüchtiges junges Mädchen, die ein Ge=
heimniß anzuvertrauen hatte.   Allen lieh sie ein
Ohr, einen Blick, ein Lächeln.   War sie gestern
dem Augenblick überlegen gewesen,   so spielte sie
heute damit.   Ihr Gruß zog die Männer herbei,
wohin sie ihren Blick auch wandte; Complimente
wurden ihr zu Füßen gelegt, allein treffende Be=
merkungen   vereitelten   die   auf   sie   gerichteten
Schmeicheleien und oft schickte sie durch einen auf=
gedeckten Widerspruch den Elegant in die Menge
zurück.   Der Ball war übrigens eines französischen
Gesandten würdig,   in allem erkannte man die
Sorgfalt dieser Nation; er hatte eine Suite von
vier Zimmern, und im letzteren über alles erleuch=
tet, das Bild Sr. christlichsten Majestät.

Ich fuhr in S. Equipage zu Hause, nichts
destoweniger meldete sich am andern Morgen ein
Fiacre, welcher behauptete, er habe, von einem
Domestiken für mich bestellt, zwei Stunden auf
mich gewartet — ich mußte bezahlen, — Was=
hington ist voll von diesen Gaunern.   Man thut
wohl, sie gleich abzufertigen, wenn man irgendwo

hinfährt, denn im Fall von Stillschweigen laſſen ſie ſich wieder beſtellen, um zu warten, und Be= zahlung zu erzwingen, wobei die Geſeße ſie unter= ſtüßen.

Den nächſten Morgen wandte ich dazu an, den General W. Smith in Georgetown zu be= ſuchen. Er iſt ein anſehnlicher Mann, obſchon über die 60 hinaus, hat er kein graues Haar, und eine beſtändige Thätigkeit erhält ſeinen Geiſt und Körper regſam. Ich traf ihn mit Charten und Riſſen umgeben, welche ſich auf den Kanal= Bau bezogen, an deſſen Spiße er ſteht. Man hat nämlich die Abſicht, von hieraus einen Kanal nach dem Ohio=Fluſſe zu ziehen. Man hat dieſes Rieſenwerk mit aller Kraft begonnen und arbei= tet ſo eifrig daran, daß man in Jahresfriſt bis an den Fluß Shenandoah zu gelangen hofft und dann den Kanal durch Harpers-Ferry, nach dem Kohlenterrain von Cumberland zu ziehen gedenkt. Ihr werdet Euch erinnern, daß ich eine ſehr ähn= liche Richtung für die Eiſenbahn in Baltimore angab, und in der That treffen beide Linien ſchon

40 Meilen von hier zuſammen, und ſehen kein
anderes Mittel, durch das Gebirge zu bringen,
als den bezeichneten Engpaß. Dort heißt es nun:
wer zuerſt kommt, mahlt zuerſt. Höchſt contraſti-
rend iſt die Sprache über beide Anſtalten in den
beiden Oertern, mit dem größten Enthuſiasmus
prophezeihen ſich Beide Erfolg, und jeder dem
andern einen ſchmachvollen Tod. — Wie zwei
neben einanderſtehende Religionen, erfüllen die
Partheien ſich ſelbſt mit Vertrauen und gegen-
ſeitiger Geringſchätzung.

Der General that mir die Ehre an', meine
Meinung über beide Unternehmen wiſſen zu wollen.
Ich hielt es für das beſte, in einer ſo wichtigen
Sache aufrichtig zu ſeyn. Ich drückte mein Bedauern aus, zwei ſo große Unternehmungen mit
dem Geiſt der Oppoſition fortſchreiten zu ſehen,
und ſtellte die Betrachtung auf, wie viel ſchneller
und kräftiger ſie wirken könnten, wenn beide ſich
vereinigten. Was übrigens die Eiſenbahn und
das Waſſer beträfe, ſo ſey die Erſtere unverſucht,
und das Andere bekannt. Die Schwierigkeiten

3 *

des Terrains schienen für beide gleich. Die erſten
Auslagen wären größer für die Eiſenbahn, allein
die Unterhaltung koſte dagegen weniger, und auf
die Dauer ſcheine die Eiſenbahn weniger Ausga=
ben zu erfordern, als ein Canal. Die Erfindung
des friction wheel habe das Hinderniß des Trans=
ports von großen Laſten faſt ganz beſiegt. Zwi=
ſchen Liverpool und Mancheſter ſey der berühmte
Bridgewater Canal, welcher ſo nützlich war, daß
ſeine Actien über 600 pSt. ſtiegen. Nichts deſto
weniger habe man jetzt mit den größten Koſten,
mit großen Schwierigkeiten des Terrains, ja zum
Theil unterirdiſch, zwiſchen beiden Städten eine
Eiſenbahn gebaut. Die Actien der Eiſenbahn ſtän=
den gegenwärtig ſchon 150 pSt., und die des Ca=
nals wären bis auf 250 pSt. gefallen, ja wäre
der Marquis of Stafford nicht der Inhaber
derſelben, welcher ſie anhält, ſo ſtänden ſie wahr=
ſcheinlich noch ſchlechter. — Derſelbe Edelmann
habe aber auch 1000 Actien in der Eiſenbahn
genommen. — Ich hatte zufällig dieſe Particu=
laritäten erfahren, und führte ſie dem General an,

dem sie auch bekannt waren, und verhehlte ihm
nicht meine Ansicht, daß so weit mein einfacher
Blick zu dringen vermöge, mir Eisenbahnen größere Vortheile versprächen als Canäle, hauptsächlich wegen der Schnelligkeit des Transportes. —
Der General konnte wahrscheinlich selten mit Anderen als dabei interessirten Leuten über diesen
Gegenstand sprechen, und ließ sich daher in eine
lange Unterredung mit mir ein. Er gestand, daß
er gar nicht blind gegen die Vortheile des andern
Unternehmens sey, ja er würde das Werk nicht
so rasch fortgehen lassen, wenn er nicht zugleich
durch das Bett des Canals eine Grundlage für
eine Eisenbahn bereite, wohin im Fall des Vor-
zugs Leisten gelegt werden könnten. Seine Be-
ruhigung sey, daß das Capital für den Canal hinreichend sey, denselben bis nach Cumberland zu
leiten, und er dann durch den Transport der Koh-
len auf ein großes Einkommen hoffe. — Neben
den 1½ Millionen Dollars, welche in Holland ge-
liehen wären, habe man im Staate Maryland
eine halbe Million subscribirt, eine Million im

District Columbia und eine gebe das Gouverne=
ment her, so habe man 4 Millionen Dollars zu=
sammen, womit man zu einem Puncte zu gelan=
gen hoffe, von wo aus ein Transport stattfinden
könne, und mit den Revenüen davon wolle man
weiter arbeiten. Der General hatte darauf die
Güte, mir die angefangenen Werke zu zeigen, be=
sonders gefielen mir die Schleusen, welche von
Granit und sehr schön gearbeitet sind; man be=
barf indessen deren sehr viele, welche die Anlage
sehr vertheuern. Mit meinem besten Glückwunsch
für den Erfolg des Unternehmens verließ ich den
interessanten Mann, und kehrte nach Washington
zurück.

———

Keine Ruh' bei Tag und Nacht,
Nichts was ihm Vergnügen macht,
Schmale Kost und wenig Geld,
Das ertrage wem's gefällt.

Am folgenden Morgen machte ich dem Präsi=
benten der Vereinigten Staaten meine Aufwar=
tung. Dieser Beherrscher von mehr als 12 Mil=

konen Menschen lebt mit der Einfachheit eines
Privatmannes. Keine Schildwache, kein Portier
hütet den Eingang seines Hauses. Ein alter Die-
ner meldete mich an, und ich wurde sogleich an-
genommen, obgleich es 8 Uhr Morgens war. So
früh ist der Präsident täglich zu sprechen. Meinen
guten Empfang hatte ich einer rühmlichen Empfeh-
lung zu verdanken, sie war von der Hand des
großen Washington, und obgleich vom Jahre **1790**
und eigentlich ein Diplom für meinen Großvater,
verschaffte sie mir doch die beste Aufnahme. Aus
dem Wagen wurde ich sogleich in das Zimmer
geführt, worin der Präsident war. Er gab mir
die Hand und setzte sich mit mir auf das Sopha,
indem er die gewöhnlichen Fragen an mich rich-
tete, deren einfache Beantwortung mir Zeit gab,
ihn zu betrachten. Ganz der Mann, wie ich ihn
mir gedacht, die Bilder von ihm sind alle ähnlich,
und müssen es seyn, weil sein Aeußeres sich auffallend unterscheidet. Gewiß habt Ihr oft diese
hagere Riesengestalt abgebildet gesehen, in einfacher
schwarzer Kleidung, mit dem gelben, gealterten,

länglichen Gesichte, dem erhöhten Schädel, mit
struppigem grauen Haar. Obgleich sein Aeußeres
nicht anzieht, der Ausdruck seiner Züge streng und
ernst ist, so bringt seine Unterhaltung doch einen
angenehmen Eindruck hervor, und enthält eine Beredsamkeit, eine Freundlichkeit, welche fast Alle an
ihn fesseln, die ihn persönlich kennen gelernt haben, und denen er wohl will. Der arme Mann hat
sehr viele und erbitterte Feinde aber auch sehr warme
Freunde. — Sein größter Anhang besteht unter
der niederen Classe, deren Abgott er durch seinen
Sieg bei New-Orleans geworden ist, und wie sehr
bei der Menge das Feldherrntalent über das des
Staatsmannes steht, beweißt in diesem friedlichen
Lande die Präsidentenwahl. „Le premier roi
fut un soldat heureux,“ sagt Voltaire und dies
ist ein wahres Wort. — Der militairische Ruhm
gilt über alles bei der großen Masse. Tapferkeit
ist die Tugend, welche am sichersten anerkannt
wird. Napoleon wußte dies recht gut, als seine
Grenadire wichen und er in einen Regen von Kugeln
die Fahne seines Regiments über die Brücke von

Arcola trug — ein einziger Zug persönlichen Muths
und die Bahn war gebrochen zu den höchsten
Ehrenstellen, in so weit es auf das Volk ankam.
Derselbe Napoleon schlug bei St. Jean d'Acre
den Zweikampf mit Sir Sidney Smith aus —
und hatte Recht, denn er hatte es nicht mehr
nöthig — so trägt auch hier der Ruhm einer ge=
wonnenen Schlacht den Sieg über die erleuchte=
teste Politik davon, und schwerlich werden, so
lange der alte Soldat seinen Degen in die Wag=
schale legt, die Federn seiner Gegner ihn aufwie=
gen. Uebrigens ist er wie geschaffen zu dieser
Stelle, denn mit einem unerschütterlichen Gleich=
muth erträgt er die Schmähungen seiner Feinde
und mit einem eisernen Willen verfolgt er sein
vorgestecktes Ziel. Er gleicht darin dem Herzoge
von Wellington. Ein Mann von verletzbaren Ge=
fühlen an seiner Stelle hätte den Tod davon, die
Zeitungen zu lesen. Zuerst wird er bei seiner
Wahl öffentlich geschmäht — dann ist er während
vier oder acht Jahren der allgemeine Sündenbock,
und er mag es anfangen, wie er will, alles was

Schlimmes paffirt, ift feine Schuld — und nach=
dem nun feine Präfidentenfchaft um ift, hat er
weder Dank noch Geld — nicht einmal eine Pen=
fion! Und wenn er kein Vermögen befitzt, fo
muß er, wie fein Vorgänger Jefferfon, feine Bi=
bliothek verkaufen, oder wie fein Vorgänger Adams
wieder ein untergeordnetes Amt einnehmen. —
Republicae ingratae sunt, fagt Julius Caefar.
Jackfon befitzt glücklicherweife Baumwollen=Plan=
tagen in Tenefee, wohin er fich zurückziehen kann,
ohne genöthigt zu feyn, die Würde der Nation
zu compromittiren, wenn feine Regierung vorüber
ift. —

Acht und zwanzigster Brief.

Baltimore, 30. März 1830.

Mein Aufenthalt in Washington war nur kurz, ich verließ diesen Ort nach ein paar Tagen, beabsichtigend, meinen Besuch zu wiederholen, sobald R. und andere Bekannte, welche abwesend waren, wieder eingetroffen seyn würden. Am Morgen machte ich noch einen Besuch bei Miß S. Ich fand sie in Gesellschaft mehrerer junger Herren, welche sich bemühten, ihr Artigkeiten zu sagen, aber meistens mit sehr schlechtem Erfolge. — Je deutlicher die Schmeicheleien waren, desto schneller wurden sie vereitelt. Man sprach natürlich vom letzten Balle, und stritt darüber, ob Damen oder Männer schärfer beobachteten. Miß S. verlangte meine Meinung, um mich in's Gespräch zu ziehen. — „Dieser Fall," erwiederte ich, „muß

individuel und nicht allgemein behandelt werden,
denn es ist gewiß, daß sie letzthin nicht so viel
bemerken konnten, als Sie bemerkt wurden." —
„Ja," erwiederte sie mit dem ernsthaftesten Gesicht,
„ich werde nie wieder diese Marabouts tragen."
So wurden alle Huldigungen zu Wasser, die man
dieser Schönen zu Füßen legte.

Ueber eine sehr lange Brücke führt der Weg
nach Alexandria, welches am andern Ufer mehrere
Meilen unterhalb Washington liegt. Es gehen
fast stündlich Kutschen dahin ab. Alexandria hat
merkantilische Vortheile vor Georgetown voraus,
und ist auch besser für die Schiffahrt gelegen. —
Es treibt einen bedeutenden Ausfuhr-Handel mit
Mehl und Taback. Von letzterm aber immer
weniger, weil die Inspection schlecht ist. Es leben
ungefähr **8000** Seelen dort. Die Straßen durchschneiden sich in rechten Winkeln und stoßen an
der einen Seite auf den Potomac.

Neun und zwanzigster Brief.

Baltimore, den 21. Juny 1830.

Seit zwei Monaten habe ich mein Tagebuch unfortgesetzt liegen lassen, theils weil in einer Periode die Eindrücke so schnell folgten, daß ich weder Zeit noch Wahl treffen konnte, um sie zu Papier zu bringen, theils weil in einer anderen ich keine neuen empfing. Erstere war meine Reise in Virginien, letztere mein Aufenthalt hier, womit ich bereits das letzte Blatt schloß. Jetzt, nachdem die nächste Vergangenheit sich zu einem Bilde gestaltet hat, wozu der Name Virginien gehört, will ich suchen, die Hauptpunkte davon festzuhalten, ehe neue Eindrücke die Vergangenheit entkräftigen.

Es war am Montag den 4. April, als ich Baltimore verließ, es war ein heiterer Morgen.

Dampfschiffe nach Philadelphia, Washington und
Friedrichsburg bestimmt, lagen neben dem Rich=
mont, welchen ich betrat; ungeduldig flog der
Dampf aus den Ventilen, den Augenblick erwar=
tend, wo ein Druck der Hand sie in Bewegung
setzen würde. Um 7 Uhr hob die Kraft den Piston
und wir flogen durch den Eingang des Bassins
in den Patapsco hinein. Die Stadt gewährt von
der See aus einen nicht minder malerischen An=
blick, als von den Höhen, welche sie umgeben. —
Das lebhafte Bassin, welches die Stadt umschließt,
entschwand dem Blick, und verbirgt sich dem Auge,
sobald man es verläßt. — Die Point tritt dann
hervor mit den Dreimastern, welche sich dem
Bassin nur auf eine englische Meile nahen können.
Dieser Theil der Stadt ist der Wohnort der See=
leute, und gleicht sehr in seiner Bauart der Bremer
Neustadt. Zwischen der Point und der Stadt
war ehemals freies Feld, welches jetzt beinahe
schon ganz überbaut ist, indem die Bevölkerung
stark zunimmt. Große Handlungshäuser haben
in diesem Theil der Stadt ihren eigenen Werfft,

welcher aus einem abgetheilten Platze besteht, und ein Packhaus, einen Hof und einen Slip enthält. Ein Slip ist ein Einschnitt in das Ufer, oder künstlicher Hafen, worin etwa vier Schiffe Platz haben. So giebt es hier Tennants=, Lormans=, Patersons=, Wilsons=Wharf u. s. w.

Ein Baltimorer geht sehr selten nach der Point und manche Modedame ist nie dort gewesen. Die schöne Welt hält sich in dem oberen Theil der Stadt auf, welcher sehr verschieden von der Point ist in Sitten und Bauart. Hier trifft man Arbeitsleute und Kneipen, — dort gehen Damen, nach der neuesten Pariser Mode gekleidet, auf dem breiten Trottoir an Reihen von eleganten Läden vorüber. In Amerika weiß man ganz genau, welche Straßen fashionable sind, und man weiß gleich, mit was für Leuten man zu thun hat, wenn man die Straße kennt, worin dieselben wohnen. Eine fashionable Familie wird um keinen Preis in der Point wohnen. Der Zauber des Wortes fashion erstreckt sich hier so weit, daß man Ort, Zeit und Leute darnach eintheilt.

Iſt ein Laden, ein Prediger, ein Arzt ꝛc. faſhionable, ſo iſt ſein Glück gemacht. Ein Fremder,
wenn er in einer der großen Städte dieſes Landes
ankommt, wird gleich vor dieſe moderne Vehme
geſtellt, und erfolgt der Ausſpruch: faſhionable,
ſo bekommt er täglich Einladungen. Ein faſhionable bean zu ſeyn, iſt das Höchſte für einen
Mann im Alter von 25 Jahren. Ein ſolcher
geht um 12 Uhr in die Marktſtraße, redet alle
Damen an, geht mit ihnen in die Läden, ißt Eis,
und macht Engagements auf den Abend. — Es
verſteht ſich, daß er auch nur mit Leuten umgeht,
die faſhionable ſind.

In dieſem republikaniſchen Amerika herrſcht
eine große Eiferſucht in den geſelligen Zirkeln und
nie bindet hier der Zauber der Freude, „was
die Mode ſtreng getheilt.“ Hier, wo die
Geburt keine Rechte giebt, ſucht Jeder ſich die=
ſelben zu erwerben, und iſt über die Maßen ängſt-
lich, deren zu vergeben.

So weit die Reflectionen über Baltimore,
welches meinem Blicke raſch entſchwand. Wir

kamen dann an dem Ufer vorbei, wo im Jahre
1814 die Engländer ihre Truppen an das Land
setzten und den letzten vergeblichen Versuch mach=
ten, dieses Land wieder zu erobern. Noch zeigen
die Bürger von Baltimore den Ort, wo sie Schan=
zen aufgeworfen hatten, um Haus und Hof zu
vertheidigen, noch erzählen sie nach Tische von
jener Zeit, noch heißen die alten Leute von daher
General, Colonel ꝛc. Die glücklichste That aber
war die eines unbekannten Schützen, welcher den
General Roß, Anführer der englischen Truppen,
erschoß — sonst wäre es den ungeübten Bürgern
schwerlich gelungen, die Stadt zu vertheidigen.

Es ist ein Glück, daß die Amerikaner keine
gefährlichen Nachbarn haben — denn schwerlich
würden sie in einem Landkriege glücklich seyn.
Regulaire Soldaten haben sie kaum 5000 Mann
und ihre Miliz ercercirt schlecht. Fast in jedem
Treffen des letzten Krieges, wo sie nicht hinter
Schanzen standen, haben sie sich nicht bewährt.
Die Miliz geht hier eben so legér zu Werke wie
ihr Anzug ist — ein buntes Jäckchen ist ihre

4

Uniform, die Offiziere tragen ungeheure Feder=
büsche, denn je schlechter die Truppen, je grö=
ßer sind diese gemeiniglich und bei Jeder Com=
pagnie andere Uniform. — Mit unvergleichlicher
Würde paradiren sie durch die Straßen, voran
einige Neger mit Lärminstrumenten, dann ein zahl=
reicher Offizierstab im Paradeschritt, und hinter=
drein einige geduldige Seelen, zum Theil mit
Flinten, zum Theil mit Stöcken bewaffnet, von
denen bei jeder Straßenecke einige desertiren.
Gegen das Ende des Marsches sind oft mehr
Musici, Officiere und Fahnen vorhanden als
Gemeine. — Was würden diese guten Leute
sagen, wenn sie einmal ein preußisches Ar=
meekorps sähen! — Was würden sie den ge=
schlossenen Gliedern eines disciplinirten Militairs
entgegenstellen können? Ich will, wie der Herzog
von Sachsen=Weimar, wünschen, daß sie keine
Gelegenheit bekommen, sich über diesen Punkt zu
enttäuschen.

Ehe die interessante Bay, woran Baltimore
liegt, meinem Auge ganz entschwindet, will ich

noch einer Merkwürdigkeit erwähnen, welche die Aufmerksamkeit jedes Reisenden auf sich zieht und welche die Amerikaner als eine practisch kluge Nation auf's Neue bezeichnet. Es ist eine Erfindung, welche bis jetzt, so viel ich weiß, nur hier in Anwendung gebracht worden ist. Sie ment dazu, Schiffe aus dem Wasser zu heben und den Boden derselben zu untersuchen und auszubessern. — Die Einrichtung der sogenannten Trockenhäfen (dry docks) ist kostspielig und auch nur da gut anwendbar, wo die Fluth bedeutend genug ist, die Leerpumpung des Bassins zu ersparen. Die in Leith erfundene Maschine, um Schiffe an's Land zu ziehen, erfordert viel Raum und einen großen Aufwand von Kraft. Beides vermeidend, erfand man nun hier den Schrauben-Hafen (Screw dock), dessen Einrichtung eben so einfach wie anwendbar ist, und wohl einen Platz in dem Journal eines Reisenden verdient.

Ein völlig beladenes und aufgetakeltes Schiff kann ein paar Stunden vorher, ehe es in See geht, noch einmal untersucht und mittelst des

Schraubenhafens durch weniger Menschen Kraft aus dem Wasser gehoben werden. Der Mechanismus besteht aus dem Prinzip: wenn man die Kraft eines Rades an den Rand eines größeren Rades bringt, so daß vermittelst Zacken das kleinere Rad das größere dreht, so vermehrt man die Kraft des zweiten Rades, indem man den Umschwung verringert. Dreht sich nun das kleine Rad zehnmal herum, indem sich das große Rad einmal um seine Achse dreht, so ist die Kraft des Letzteren zehnmal größer als die des Ersteren. Drehen nun 30 Menschen an 30 Rädern, welche 30 andere Räder in Bewegung setzen, die zehnmal größer sind, als die vorigen, so bringt man die Kraft von 300 Menschen hervor. Setzt man mit den größeren Rädern nun noch 30 Räder in Verbindung, welche wieder zehnmal größer sind, so hat man die Kraft von 3000 Menschen.

Um nun ein Schiff aus dem Wasser zu heben, bringt man es zwischen zwei hölzerne Molen, oder Bollwerke, welche die Länge des Schiffes haben. Auf jedem Bollwerke fangen dann ein

Dutzend Menschen an, mit Schraubenschlüsseln zu drehen. Jeder setzt dadurch ein Zackenrad in Bewegung, welches nahe an seiner Achse ein zweites Rad drehet, also die Kraft sehr vermehrt. Die Achse des zweiten Rades ist aber eine Schraube, oder vielmehr eine, korkzieherartig gewundene Stange, welche ohne sich herumzudrehen von dem Rade, dessen Achse es bildet, in die Höhe getrieben wird, indem die Windung der Stange Fugen in den innern Rand des Rades findet. Hat nun die Fluth das Schiff in das Bett niedergesetzt, so schraubt man selbiges zehn oder zwanzig Fuß in die Höhe und bringt das ganze Schiff an das Licht. — Der hiesige Schraubhafen hat an jeder Seite sieben Schrauben. Die zwei einander gegenüberstehenden Schrauben bringen einen Theil des Bodens herauf, welcher das Bett des Schiffes bildet. Dieses muß natürlich sehr stark und fest seyn, um das Gleichgewicht eines Schiffes zu tragen. Käme es an die Luft, so würde es unter der Last zerbersten, aber der Boden desselben bleibt im Wasser, und da Wasser schwerer ist als Holz,

so ist die Last des Schiffes nicht durch die Schrau=
ben allein getragen, sondern durch das Wasser,
welches das Bett von selbst nach oben drängt.
Man kann diese Wirkung noch mehr vermehren,
in dem man unter dem Bett des Schiffes einen
wasserleeren Raum anbringt, dessen Drängen nach
oben so groß seyn könnte, daß die Schrauben nichts
mehr zu halten hätten. Man hätte alsdann nur
den Unterschied für die verschiedenen Schweren
der Schiffe zu bewegen, und leichte Schiffe wür=
den einen Kraftaufwand beim Herabschrauben er=
fordern, welcher Unterschied nicht sehr bedeutend
seyn kann, indem die Schwere der Schiffe mit
ihrer Größe in einigem Verhältniß stehet, und
man bei einem kleineren Schiffe nicht alle sieben
Theile heraufschraubt, woraus das Bett der größ=
ten Schiffe besteht, sondern nur 8, 10 oder 12
Schrauben in Bewegung setzt. Es ist möglich,
daß das Bett des Schiffes auch nur in drei Theile
getheilt ist, indem zu dem mittlern 6 Schrauben
und zu den beiden andern 4 Schrauben gehören.
Dieses wäre vielleicht besser, weil auf eine größere

Masse der Andrang des Wassers stärker wirkt.
Dem sey nun wie ihm wolle, genug, alles geht
wie geschmiert. Ich wohnte einer Operation bei,
wo ein völlig fertiges Schiff zwischen die Molen
gebracht und in Zeit von einer halben Stunde so
hoch aus dem Wasser gehoben wurde, daß die
Zimmerleute an den Kiel kommen konnten. Die
Schiffe werden auf diesem Apparat kalfatert und
mit Kupfer beschlagen. Die Ursache, daß Schraub=
häfen nicht allgemeiner sind, ist vielleicht die, daß
man in den vorzüglichsten Häfen Europas schon
die größere Ausgabe für Trockenhäfen gemacht
hat. Die Fluth ist in England und Frankreich
so bedeutend, daß sie die Schiffe in die Trocken=
häfen trägt; man verschließt bei Ebbezeit dann
die Thüren und läßt die Fluth wieder herein, so=
bald das Schiff navigiren soll. Die Unbedeuten=
heit der Fluth ist hier die Veranlassung zur Er=
findung der Schraubhäfen gewesen. Auch mag
wohl der Nationalstolz im Wege stehen, der es
haßt, nachzuahmen. Wir Deutsche besitzen diesen
nicht, und nehmen das Fremde (nur zu gerne)

an; wir laſſen den Amerikanern Gerechtigkeit widerfahren, und bewundern ſie als ein Volk, welches die größten Zwecke mit den möglichſt kleinſten Mitteln zu erreichen weiß.

Nachdem die Ufer dem Auge entſchwunden waren und Luft und Waſſer den Horizont begränzten, ſuchte ich mir, da ich keine Seele am Bord kannte, ein einſames Plätzchen, um zu leſen. Beinahe hätte ich, in mein Buch vertieft, mein Mittageſſen verpaßt, wenn nicht ein kleines Negerkind, mit Furcht und Gutmüthigkeit im Geſicht, aus eigenem Antriebe, mich an das Eſſen erinnert hätte. Das arme Geſchöpf ſtand eine Zeitlang vor mir, ehe ich es bemerkte, und bemühte ſich mir deutlich zu machen, daß man beim Eſſen ſey. In der That waren die Eßminuten auch ſchon beinahe verfloſſen, ich ſuchte vergebens den abtragenden Aufwärtern Einhalt zu thun, und mußte mich begnügen, ein paar Biſſen von den noch übrigen Schüſſeln zu erhaſchen. Da die Amerikaner keine Trinkgelder zu geben gewohnt ſind, ſo ſind die Domeſtiken auch ſehr ungefällig. Nach

Tische wandelte die ganze Gesellschaft auf dem Verdecke umher. Der Einsamkeit müde, nahte ich mich endlich einem Frauenzimmer, das etwas komisch aufgeputzt war. Sie war, wie ich nachher erfuhr, die Frau eines Handwerkers und erst wenige Tage verheirathet. Die sogenannten niederen Klassen, wie Bauern und Handwerker, haben in Amerika keine eigenthümliche Kleidung, man erkennt sie nur an ihren altmodischen oder auffallenden Kleidungsstücken. Sie war indessen sehr einsylbig, vermuthlich weil ich nicht durch jemand introducirt worden war. So liebenswürdig (die gebildeten) Amerikanerinnen auch seyn können, so streng halten sie auf die Formalität des Introducirens, ich glaube, wäre diese gute Frau ins Wasser gefallen, sie hätte Niemanden die Hand gegeben, ohne vorher introducirt zu seyn. Ich mußte meine Zuflucht wieder zu Büchern und zum Schlafen nehmen, bis bei Tagesanbruch das Schiff zum Quay von Norfolk gelangte und die uninteressante Gesellschaft ihren wahrscheinlich eben so uninteressanten Beschäftigungen nachging.

Die Stadt Norfolk ist nahe am Ausflusse des
Jacobflusses (**James river**) gelegen. Derselbe hat
das Eigenthümliche, daß er, nachdem er so breit
geworden, daß man nicht hinübersehen kann, und
so tief wie ein Meer ist, bei seiner Mündung sich
so verengt, daß die Ufer auf Schußweite von
einander liegen. Die Regierung hat diesen Umstand benutzt, indem sie sehr starke Festungswerke
bei dieser Enge anlegte, und das so beschützte Gewässer zum Hauptsammelplatz der Marine des
Landes bestimmte; dasselbe heißt Hampton Roads.
Die Lage dieses Seehafens ist vortrefflich in der
Mitte des Landes und hat einen leichten Ausgang
in den Ocean. Norfolk liegt an einer südlichen
Bucht dieses Gewässers und an derselben. Norfolk gegenüber liegt Portsmouth, woselbst das
größte Marine-Arsenal der Vereinigten Staaten
sich befindet.

Sobald ich gefrühstückt hatte, besuchte ich unsere Freunde M., welche mich mit der größten
Artigkeit aufnahmen. — Obgleich Juden, gehören
sie doch zu den angesehensten Leuten der Stadt.

Die Juden hören in Amerika auf ein Volk im
Volk zu seyn. Ob es von ihrer Stellung in der
Gesellschaft kommt, oder ob die Amerikaner den
Handelsgeist mit ihnen gemein haben, weiß ich
nicht, genug sie unterscheiden sich hier weniger als
in Europa. Da ihnen alle civilen Rechte gege=
ben sind, so ergreifen sie alle Carrieren und man
findet Rechtsgelehrte, Aerzte, Beamte ꝛc. unter
ihnen. Ihre Religion hält sie hier allerdings zu=
sammen, so lange sie religiös sind, indeß scheinen
Liebe zu Amerika' und Ehrgeiz auch mit zu ihren
Motiven zu gehören, sie fühlen sich Amerikaner,
sind stolz auf ihre Rechte und verlieren den An=
strich der Unterwürfigkeit, welcher ihnen in den
älteren Ländern anklebt.

Fast jeder Ort besitzt einige locale Vortheile,
welche von den Einwohnern leicht über ihren wirk=
lichen Werth geschätzt werden. Dieses ist in der
ganzen Welt der Fall, vor allem aber in Amerika.
Das stete Werden, worin in diesem Lande alles
begriffen ist, und die republikanische Verfassung,
verstattet jedem wohlgelegenen Orte eine Möglich=

keit, eine größere Wichtigkeit zu erlangen. Die Amerikaner ermangeln auch nicht, in dem Reiche derselben ihre Gedanken schwärmen zu lassen, man gelangt zu keiner Stadt von irgend einiger Bedeutung, wo die Bewohner nicht die Anlage zum Mittelpunkt der Welt sehen. Kaum ist ein Fremder in derselben angelangt, so vernimmt er zu seinem Erstaunen, daß man eifrig mit Projecten zu einer Eisenbahn oder zu einem Canal beschäftigt sey. Diese Anschläge gleichen sich meistens in zwei Punkten. Erstens gehen die projectirten Eisenbahnen in irgend ein entferntes fruchtbares Land, und zweitens schneiden sie dann irgend einem andern Orte den Handel damit ab. Ein solches Project entzückt die Menschen, weniger aber das, welches die Communication zwischen zwei großen Städten befördert. Der Patriotismus der Amerikaner fängt bei Amerika an, geht dann auf den Staat und den Ort über, worin sie leben, und concentrirt sich endlich in dem lieben Ich.

Die Herren, womit ich die Ehre hatte, in Norfolk bekannt zu werden, waren so gütig, mir auseinander zu setzen, daß dieser Ort nächstens einer der größten Handelsstädte der Welt werden würde. Ich bemerke dieses, weil ein Theil ihrer Gründe mir hörbar schien, und will derselben hier erwähnen, welches für den Fall interessant seyn wird, daß sich ein Theil der Erwartungen realisiren sollte. Seit ein paar Monaten ist ein Canal fertig geworden, welcher von Norfolk in den Albe=marle=Sund geht, worin sich Flüsse ergießen, die einen Theil Virginiens und Nord=Carolina durch=strömen. Besonders ist dadurch der Roonoke nützlich geworden, welcher schiffbar ist und einem Theile von Virginien Abzug für Produkte ver=schafft. Es soll daselbst sehr schöner Taback wachsen. Die Produkte, welche durch diesen Canal eintreffen, sind jetzt zum Theil nach Richmond gegangen. Die Schiffe werden aber lieber in Norfolk laden, als 100 Meilen den Fluß hinauf gehen, dessen Navigation für große Bürden miß=lich wird. Ein Faß Taback kostet bis City=Point zu transportiren 75 Cents von Richmond, und 1 Dollar bis Norfolk, also kann ein Schiff, mit

25 Cents Unterschied, den Richmonder Taback in
Norfolk haben, hingegen den Norfolker Taback
in Richmond zu kaufen, macht ihn nach demselben
Ratio 1 Dollars 75 Cents theurer per Faß, und
der Transport stromaufwärts wird theurer werden
nach Verhältniß wie derselbe stromabwärts abnimmt. — Es scheint indessen in Norfolk an
Capital zu fehlen um die Produkte dort aufzu-
kaufen.

Ich war so glücklich, an dem Tage anzukom-
men, an welchem ein gewisser Herr S. einen
großen Ball gab, wohin ich mit den Damen M.
fuhr. Das dazu bestimmte Haus hatte, wie es
in Virginien Mode ist, Fenster und Thüren auf;
die ganze Gesellschaft war eben so viel auf der
Diele, als in den Zimmern. Ich sah hier, wie
überall in Amerika, einige sehr schöne Mädchen.
Ich wurde sogleich den **Bells** vorgestellt, welches
unter Andern eine Miß J. W. (**fair and fat**)
und eine Miß P. waren. — Das Walzen war
hier an der Tagesordnung. Das Schicksal dieses
unseres Nationaltanzes, schwankt zwischen den

Schönen und den Zeitungsschreibern, der Kampf
ist von sehr verschiedenem Erfolge. In Philadel=
phia siegen die Ersteren, in Baltimore die Andern.
Hier las ich am Morgen den allerderbsten Aufsatz
gegen die Unschicklichkeit des Walzens in der Zei=
tung, und am Abend fragte man sich, ob man
ihn gelesen. Die Damen jedoch lieben überall
sehr das Walzen und wenn die etwas trägen
Amerikaner es selbst gelernt haben werden, so
hören sie vermuthlich auf, darauf zu schimpfen.
Am folgenden Morgen wohnte ich dem Verkaufe
einer Parthei Taback bei, welcher durch den neuen
Canal aus dem südlichen Theile von Virginien
gekommen war. Dieser Taback ist sehr feurig
und von schönem Blatte. Darauf fuhr ich mit
M. über den Fluß, um den Kriegshafen Ports=
mouth zu besehen. Es lagen drei Linienschiffe
und eine Anzahl Fregatten dort, drei standen auf
dem Stapel. So unansehnlich die Armee des
Landes ist, so vortrefflich ist die Marine. Die
Amerikaner sind der Meinung, daß die einzigen
Länder, welche Krieg mit ihnen anfangen könn=

ten, in Europa lágen, darum sind die Bayonette
úberflúſſig, und ſie bauen lieber Schiffe, um ihre
Batterien nach den feindlichen Háfen zu ſchicken.
Zur See ſind ſie daher · ſehr reſpectabel. Die
fertigen Schiffe ſind nur ein Theil ihrer Macht,
ein anderer Theil, und bei weitem der gróßere,
beſteht in dem Holze, den Arſenálen, welche ſie
haben. Hier ſind ſehr weitláuftige Gebáude, dem
Gouvernement gehórend, worin Holz fertig zuge=
ſchnitten liegt, um ſogleich eine Flotte zuſammen
zu ſetzen. Große Teiche befinden ſich daneben,
welche mit einer Unzahl ſchóner Baumſtámme ge=
fúllt ſind und unerſchópflich iſt ihr Vorrath an
Holz, wenn ſie in's Innere des Landes, zu ihren
Urwáldern gehen.

Am Mittag ſpeiſte ich mit der Familie M.
und unterhielt mich ſehr angenehm, indem ich die
Bekanntſchaft von Miß M. machte, welche, ob=
ſchon úber die Jahre der Jugend hinaus, durch
ihren Geiſt zu intereſſiren weiß. Am Abend wur=
den wieder meine Füße in Anſpruch genommen,
und das iſt bei den meiſten Geſellſchaften die

Hauptsache. Es war ein Ball an Bord einer Fregatte von den sämmtlichen Offizieren des Schiffes gegeben. Um 9 Uhr begab ich mich mit meinen Freunden nach dem Quay. Ein langes Boot mit 6 Ruderern lag für uns bereit. Jeder Matrose stand und präsentirte sein Ruder, wie es bei Kriegsschiffen Gebrauch ist. Der Boatswain pfiff, die Ruder griffen in's Wasser und wir eilten mit mehreren anderen Böten der Fregatte Congreß zu. Eine hölzerne breite Treppe war gebaut, um aus dem Boot an Bord zu kommen. Das Verdeck, wie bei Kriegsschiffen üblich, war ganz wagerecht. Die Kanonen waren in den Raum gebracht, und das Verdeck war aufgeräumt. Ein großes Zelt war über dasselbe gespannt, aus weiß und roth gestreiftem Flaggenzeuge bestehend. Um die Masten standen Gewehre aufgestellt, in der Mündung derselben waren Kerzen angebracht. Die übrige Beleuchtung bestand aus Kronleuchtern, die von der Decke des Zeltes herabhingen. Guirlanden wanden sich an die Masten hinauf und rings herum an den Seiten waren Sitze an-

gebracht. Die Offiziere trugen sämmtlich Uniformen. Blaue Röcke mit goldenen Epaulets, weißes
Unterzeug mit Kniehosen. Sie stellten die Aspi-
ranten oben an die Treppe, um die Gesellschaft
zu empfangen. Das zweite Verdeck war zum
Buffet eingerichtet und das dritte zum spielen.
Ich sah fast dieselben Personen dort, wie am vorigen
Abend, und ward durch die Neuheit der Scene
angenehm unterhalten. Ich kann aber nicht sagen,
daß ein Schiff der beste Tanzboden ist, denn das
feste Verdeck, dem aller Schwung mangelt, ermüdet die Tanzenden bald.

Ich mußte am folgenden Morgen wieder früh
aus dem Bette, um mich an Bord des Dampfschiffes zu begeben, welches nach Richmond fuhr.
Ich hatte die Gesellschaft von M. einem Manne,
der fast ganz Europa durchreiste und sich lange
Zeit in B. aufgehalten hat. Dieses war mir sehr
angenehm, denn weder die Gesellschaft, noch die
Natur, enthielt außerdem etwas Interessantes.

Der James-Fluß ist anfangs so breit, daß
man kaum seine Ufer sieht, wird dann enger, aber

die Ufer sind sehr flach. Hie und da sieht man
ein Gut, eine Waldung, aber meistens giebt es
Schilf und Sumpf an den Seiten des Flusses.
Das stattlichste Gebäude an diesem Flusse gehört
einem Gute, West=Dover genannt. Wo das Land
gesunder wird, giebt es mehrere Häuser. Man
fängt an die Ufer des Flusses einzudeichen, um
das morastige Land urbar zu machen. — Am
Nachmittage errichten wir City=Point, das heißt
den Ort, wo der Appomator sich in den James
ergießt, und wo die großen Schiffe liegen bleiben
müssen, welche von Richmond oder Petersburg
aus beladen wurden. — City=Point ist ein ver=
unglückter Versuch zu einer Stadt, es befinden
sich nur ein paar schlechte Wirthshäuser daselbst,
das Uebrige sind Neger=Hütten. — Hierauf ver=
engt und verflacht sich der Fluß, die Ufer bleiben
langweilig wie zuvor. Man hat Mühe zu denken
wie es möglich ist, daß Richmond romantisch ge=
legen seyn kann, wenn man sich dieser Stadt naht,
und nur ein plötzlicher Contrast kann es möglich
machen, aber dieser Contrast ereignet sich wirklich

und zwar auf dem Flecke selbst, worauf Richmond
stehet. —

Spät Abends am 8. April erreichte ich die
Hauptstadt Virginiens. M. war so gütig, mich
nach einem Boardinghaus (Richardson) zu brin=
gen. Ich bemühe mich vergebens, den Ausdruck
Boarding house zu übersetzen. Der Unterschied
zwischen diesen und anders benannten Gasthäusern
besteht darin, daß man im ersteren nur zu bestimm=
ten Stunden etwas zu essen bekommen kann, und
durch Jemand eingeführt werden muß. Auch geht
es in diesen nicht so thierisch bei Tisch her; man
schlingt nicht, sondern ißt und thut auch manchmal
so viel, daß man mit seinem Nachbar spricht. —
Zurückgekommene Familien pflegen Boardinghäu=
ser anzulegen, um die Haushaltungskosten zu be=
streiten.

Am nächsten Morgen bestieg ich den höchsten
Punkt der Stadt, welches das Staatshaus ist,
und brachte daselbst auch wirklich in Erfahrung,
was die Fama sagt: nämlich daß die Lage der

Stadt romantisch zu nennen ist. Von dort senkt sich die Stadt fast steil bergab bis an den Fluß. Gegenüber liegt Manchester, von Feldern und Gütern umgeben; rechts begränzt das Gebirge den Fluß und die Aussicht, und links schlängelt sich derselbe durch ein schönes Thal. Dicht an der Brücke befindet sich ein Wasserfall, welcher den Beschluß von einer Reihe Cascaden macht, welche aus dem Gebirge der Stadt entgegen rauschen. Dieses ist aber, wie ich nachher fand, noch nicht der schönste Punkt, um Richmond zu überschauen.

In einer kleinen Entfernung von der Stadt liegt auf einer Anhöhe das Landhaus der alten Mrs. G. Aus den Fenster desselben übersieht man die Stadt und ihre Umgebungen, den Fluß mit seinen bewaldeten Inseln und das andere Ufer mit seinen Wiesen und Feldern. Das Rauschen der Wasserfälle vermengt sich mit dem Gesang der Vögel. Ueber die Stadt, welche sich amphitheatralisch über den Fluß erhebt, ragt das Staatshaus mit seinem griechischen Portale hervor, und

gleich dahinter das Stadthaus mit seiner gläsernen
Kuppel, welche die Strahlen der Sonne flam=
mend zurückwirft. Ist der Tag hinabgesunken und
sendet der schäumende Fluß ungehindert seine Küh=
lung dem Ufer zu, so ertönt durch die offenen Fen=
ster des Hauses Musik, und Lichter strahlen dem be=
freundeten Besucher ein Willkommenentgegen. Drei
junge Grazien, die Enkelinnen der Eigenthümerin,
vereinigen drinnen den auserlesenen Kreis ihrer
Freunde. Sie hatten vergangenen Winter ihr
Debüt in Washington gemacht und sich einige
Tage in Baltimore aufgehalten, wo ich sie kennen
lernte, und Gelegenheit hatte, mich ihnen nützlich
zu machen. Ich zog jetzt großen Vortheil aus
dieser Bekanntschaft, denn sie nahmen sich meiner
auf's Beste an und versorgten mich mit Einla=
dungen überall wohin sie gingen. War es ein
schöner Abend, so ging ich mit diesen Damen den
Hügel hinab über die Brücke, dem Arsenal zu,
und wir folgten dann einem Lustpfade, welcher
zwischen dem Canal und dem Flusse fortläuft.
Dieser Spaziergang, kann ich sagen, ist unbe=

schreiblich schön. Der Canal ist angelegt worden,
weil der Fluß eine Strecke lang nicht schiffbar
gemacht werden kann, und so ist die Verbindung
mit Lynchburg hergestellt. Der Canal ist am
linken Ufer des Flusses in den Felsen gehauen
und ist etwa 50 Fuß höher als das Niveau. —
Kann man etwas Schöneres sehen als diesen
Pfad! die Scene verändert sich bei jedem Schritte.
An der einen Seite hat man den Canal, steile
Felsen und Schluchten; an der anderen überhän=
gende Bäume und die Wasserfülle, die sich von
Ort zu Ort in den Fluß hinabstürzt. Durch die
Bäume sieht man fortwährend die Stadt und
das Land am rechten Ufer des James. Gleich=
gültig, wie den Bewohnern dieses Landes, war
ich auch seiner Natur entgegen gegangen, und
glaubte alles, was das Herz fesselt, in Europa
verlassen zu haben, aber, — Du guter Gott, wie
ist diese Gegend schön! — ich fühlte mein Herz
gestärkt und noch einmal die Blumen dieses Le=
bens mir entgegen blühen, und segnete Amerika
als das Asyl unglücklicher Europäer.

O schönes Land, wo Blumen wieder blühen,
Die Zeit und Grab dort abgepflückt.
O schönes Land, in das die Herzen ziehen,
Die dort der Erden Leiden wund gedrückt!

Am weitesten verfolgten wir diesen reizenden Weg am 20. April, wo wir denselben schon früh Morgens antraten. Es war eine Gesellschaft von acht Herren und eben so vielen jungen Damen, in der ich mich jetzt befand. Ich zeichne die Namen einer Miß N., W. und R. als hübsch auf; Letztere stammt aus der Familie des großen Staatsmannes, des Abkömmlings der Indianischen Prinzessin Pocahontes, worauf sie viel Werth legt. Das Ziel unserer Promenade war Mrs. R. Farm, ein Eichengehölz. Hier setzten wir uns um eine Quelle. Zwei junge Männer führten ein Flötenduett aus. In dem Hause wurde ein Mahl zubereitet, und wir beabsichtigten, den Tag an diesem Orte zuzubringen.

Die Gesellschaft der Damen, besonders wenn sie so reizend sind, ist gewiß sehr angenehm, allein ich muß sagen, wie alle Genüsse dieses Lebens, so wird auch dieser durch den Contrast gehoben. Nachdem der Tag den Geschäften gewidmet worden, ist die Gesellschaft der Damen eine erholende Abwechselung, aber die Menschen sind nicht geschaffen, arkadische Schäfer zu seyn, ich wenigstens fühle keinen Beruf dazu und finde sehr bald das idyllische Leben monoton. Der Mann lebt nicht, wie die Frauen, häuslich, sondern auch bürgerlich; und Frauen können den Geist, der nach Thaten verlangt, nicht immer beschäftigen. In einer Gesellschaft, wie die diesmalige, muß die Zeit mit Geschmack eingetheilt werden, und eine Abwechselung von Beschäftigungen vorbereitet seyn, allein der Peter de plaisir fehlte und die Zeit war zu lang, um sie mit Essen und Trinken auszufüllen. Was das Diner nun anbelangt, so merkte ich wohl, daß es gleichfalls auf einen etwas idyllischen Fuß angelegt war, und so faßte ich den Entschluß zu desertiren, und nahm eine Gelegenheit wahr, in die Stadt zurückzukehren. Am Nachmittage kehrte ich zur Gesellschaft zurück, fand alle meine Vermuthungen bestätigt,

meine Freunde **au desespoir** hungrig, und
promenirte am Abend mit ihnen den Canalpfad
wieder nach Hause.

Am Ostersonntag-Morgen machte ich einen Abstecher nach Petersburg, wohin man in öffentlichen
Wagen in 3¼ Stunden fährt. N. begleitete mich.
Der Weg ging durch ein Gehölz; ein Theil davon
war im Brennen begriffen. Fuhrleute hatten daselbst kampirt und vergessen, ihr Rundfeuer aus-
zulöschen. In Amerika nimmt man es mit einem
Gehölz nicht so genau. Ich bemerkte hier viele
schöne Pflanzen, welche der eben beginnende Früh-
ling mit frischen Blättern und Blüthen bekleidete.
Die rothe Sassafras-Blüthe verbreitete einen herr-
lichen Duft. Hie und da war das Holz ausge-
hauen zu Baumwollen-Feldern. Die Annäherung
von Petersburg wird durch mehrere geschmackvolle
Landhäuser angenehm bemerklich. Bei jedem derselben erzählte mir N. eine Geschichte von den
Eigenthümern, und mancher Fleck war classisch
für mich durch die Beziehung meiner Oheime,
welche in diesen Gründen gehaus't. Ich glaubte

sie im Geiste mit ihren Flinten in der Entfernung gehen zu sehen, und dachte darüber nach, wie sich hier wohnen ließe. — Der Ort ist auch ganz romantisch gelegen, am grünen Ufer des Appotomax, weniger groß als Richmond, allein weit freundlicher und gemüthlicher; ein kleines, sanftes Thal umfaßt ihn. Dasselbe, so wie die Stadt, ist so beschränkt, daß es nicht der Mühe werth ist, einen Riß davon zu machen. Es sind nur ein paar ordentliche Straßen darin. Außerhalb des Thales giebt es keine gute Aussicht. N führte mich zwar eine Anhöhe hinan, die aber der Mühe des Steigens nicht werth war, denn es fehlte der Vorder= und Mittelgrund, und die Ge= genstände des Hintergrundes rangiren sich in einer geraden Linie, welches durchaus nicht malerisch ist. Ich führe dieses an, weil diese Aussicht hier Fremden anempfohlen wird. Wir begegneten manchen spazierenden Schönen des Ortes, die aber entflohen.

An diesem Benehmen bemerkte ich das Ge= präge des kleinen Ortes. In Amerika wie an=

derswo, tragen die Bewohner desselben gewöhnlich
Sonderbarkeiten an sich, welche sie nicht unter
dem übereinstimmenden Aeußeren der Mode, des
Tactes und der Etiquette verbergen.

Wir besuchten mehrere von den Freunden meiner Oheime, worunter ich unter andern interessanten Leuten einen blinden und sehr lustigen Arzt
fand, welcher, nachdem er ein paar Gläser Wein
beim Nachtisch zu sich genommen, eine Anzahl
deutscher Melodien nachzuahmen sich bestrebte, die
er von einem meiner Verwandten, den ich keine
Mühe hatte, daran zu erkennen, gehört hatte. —
Ferner einen Schulmeister, einen interessanten
Mann und gebornen Engländer. Einen deutschen
Ingenieur, welcher sich in diesem Lande die Krone
der Unsterblichkeit erwirbt, indem er die Stadt
Lynchburg mit Trinkwasser versorgt und den Appomator vertieft. Sein Name ist Albert von Stein.
Sein letztes Werk, die Vertiefung des Appomator, hat ihm eine Belohnung von **10,000** Dollars
eingebracht. Diese und manche andere Indivi-
duen jovialen Andenkens, erinnern sich zu dieser

Zeit der Oheime sehr lebhaft, und haben mir Vieles von den Tagen der Vergangenheit erzählt.

Ich brachte in Petersburg nur zwei Tage zu, indem dieser Ort wenig Interesse hat. Seine Handelswichtigkeit verliert sich jährlich mehr. Es werden kaum ein paar 1000 Faß Taback zu Markte gebracht. — Der Baumwollen=Handel ist der bedeutendste. Der Umsatz davon beläuft sich auf 35,000 Ballen jährlich. Die Capitalisten wollen indessen dem sinkenden Stern wieder aufhelfen und eine große Eisenbahn bauen, sie wissen nur noch nicht recht wohin. Die Bevölkerung besteht ungefähr aus 7000 Seelen, ist aber größtentheils schwarz. Ich bin der Meinung, daß in Virginien, in dem Theile, welchen ich gesehen habe, die Neger zahlreicher sind, als die Weißen. Je mehr man nach dem Süden geht, je größer ist das Verhältniß der Schwarzen zu den Weißen. In New=England sind die Dienstboten weiß, dieses nimmt allmählig ab in den Mittelstaaten und hört auf, wo das Gesetz der Sclaverei herrscht, wie von Maryland an bis Florida.

In diesem Theile Amerika's zieht die Natur die Linie zwischen Herren und Knechte. Es ist ein Land, welches den Urbewohnern entrissen ist; Weiße kamen von Europa, um es zu beherrschen, Schwarze von Afrika, um diesen zu dienen, und ein gegenseitiger natürlicher Haß der beiden Arten verhindert jede Vermischung und die Aufhebung dieses Verhältnisses. Ich bin aber nicht sicher, daß es sich nicht umkehre, sondern fürchte vielmehr, daß die Ueberzahl der Neger gereizt werden kann, dieses Verhältniß auf eine kurze Zeit umzudrehen. Obgleich nun eine Neger=Regierung über Weiße nicht bestehen kann, weil die animalische Kraft keine Gewalt über die des Geistes hat, so ist doch das Losbrechen der ersteren möglich, und ein Er= eigniß, wie die Revolution von St. Domingo, kann eintreten, welches entweder mit der Ausrot= tung der Weißen, oder mit der Verschlimmerung des Zustandes der Neger endigen muß. Man hat zwar Gesetze gemacht, um dieses Unglück zu ver= hüten, die mir aber nicht hinreichend scheinen, so z. B. darf kein Neger nach 8 Uhr Abends seine

Wohnung verlassen, keine Waffen haben u. s. w.
Das sicherste Mittel wäre, überall eine Anzahl
stehendes Militair zu halten, wogegen aber die
Amerikaner einen Widerwillen hegen; erstens weil
es Geld kostet, und zweitens, weil es einer Mo-
narchie ähnelt. Ich glaube, sie werden noch ihren
Widerwillen besiegen müssen. Die Neger zu guten Bürgern zu machen, indem man ihnen gleiche
Rechte mit den Weißen giebt, ist nicht möglich,
indem sich die Natur zu deutlich in den Unter-
schieden ausgesprochen hat. Von diesen philan-
tropischen Ideen, die man in Europa hegt, kommt
man sehr bald zurück, wenn man die Schwarzen
hier vor Augen hat. Die Natur hat sie bestimmt,
in heißen Ländern die Felder zu bauen, und dazu
sollte man sie gebrauchen. Die nähere Berührung
mit den Weißen erregt auf beiden Seiten Unzu-
friedenheit. Ein Neger ist ein zufriedenes Ge-
schöpf, und unterzieht sich willig der Arbeit, welche
dem Weißen unter dem heißen Himmelsstriche
schädlich ist, allein wenn er mit dem Weißen unter einem Dache wohnt, so tritt der Zustand der

Tyrannei ein. Als Domestiquen sind sie sehr unangenehm, und es bleibt einer der unschätzbarsten Vortheile Europa's, daß man von diesen faulen, übelriechenden und häßlichen Geschöpfen unabhängig ist.

Es war in Richmond, wo ich zum Erstenmale einen Negerverkauf sah, und ich muß gestehen, es machte einen sonderbaren Eindruck auf mich. In der Hauptstraße, welche mit Magazinen angefüllt ist, giebt es auch eines für die Neger. — Hier werden sie in Auction losgeschlagen. Die Person, welche verkauft wird, steht auf einem Tisch, die Weißen umgeben sie und bieten; die Augen des Negers sind jedesmal auf den gerichtet, welcher zuletzt geboten hat, bis der erwartungsvolle Augenblick vorüber ist, und er wieder in sein träges Wesen zurücksinkt. Auf einen Europäer macht dieses einen traurigen Eindruck, die Amerikaner sind aber daran gewöhnt und bleiben gleichgültig dabei. In der That ist der Negerhandel weniger grausam, als er in Europa mit großem Effect, aber mit sehr weniger Wahrheit dargestellt wird. Familien werden nicht getrennt, wie die Poeten es so gerne beschreiben, ausgenommen erwachsene Kinder, welche ohnehin bei den Negern nicht sehr den Alten anhängen. Ein Sclave hat es besser als ein freier Neger, denn er ist sorgenfrei für die Zukunft, und das Interesse des Herrn ist seine Gesundheit, sein langes Leben und seine Vermehrung. Der einzige Nachtheil, der mit Grund angeführt werden kann, ist die Erziehung, welche natürlich in der Sclaverei nicht sehr beachtet wird — allein es ist die Frage, ob der Geist der Schwarzen der Bildung fähig ist. — Noch weiset die Geschichte keinen schwarzen Gelehrten auf. Die Nationen der schwarzen Menschen, obgleich eben so alt wie die der weißen, sind alle im Zustande der Wildheit gefunden worden. — Obgleich sie hier Gelegenheit haben, Unterricht zu bekommen, so giebt es doch schwerlich Einen, der richtig sprechen kann. Dieses sind doch Beweise von geistiger Untergeordnetheit. — Was nun ihr Seelenheil anbetrifft, so wird dieses nicht durch die Sclaverei behindert. Die Schwar-

zen haben ihre eigenen Kirchen und Prediger,
und bringen ihre Sabbathe, wie andere Christen
hier zu Lande, mit Singen und Beten zu. Die
schwarzen Prediger machen einen hinlänglichen
Lärm und ermahnen sehr rührend zur Buße. Die
schwarzen Zuhörer verfehlen selten, vernehmlich zu
heulen. Auffallend ist der Hang der Neger zu
der methodistischen Religion, wozu sie sich fast
durchgängig bekennen.

Nachdem ich mich sehr lange bei der untersten
Classe aufgehalten habe, will ich ehe ich Rich=
mond verlasse, noch die Oberste berühren. Ich
will darunter ein Haus aufzeichnen, worin ich
mehrere angenehme Tage verlebt habe. Ich
meine die Familie M., welche auf dem schönen
Gute Bellevue wohnt. Sie hat mehrere Jahre
in Paris gelebt. Die Tochter der Mrs. M. ist
an einem Doctor C. verheirathet und ist **tout à
fait** francisée. — Die einfache und geschmack=
volle Kleidung, das zuvorkommende und zugleich
entschiedene Wesen, die passende und zugleich na=
türliche Unterhaltung beurkunden die Pariserin,

während die mütterliche Sorgfalt für ihre kleine
Tochter die Amerikanerin verräth.

So angenehm mir diese Familie ist, so wenig
kann sie wegen dieses air francisé ein Beispiel
der eigentlichen Gesellschaft des Ortes abgeben.
Dieselbe neigt sich jedoch im Allgemeinen etwas
nach der französischen Sitte hin, ist aber noch
weit davon entfernt, während die nördlichen Staaten mehr England nachahmen. Die Virginier
sind leichter und fröhlicher als die New=Englän-
der. Sie sind eben so gastfrei und weniger formell. Sie haben den Ruf, weniger genau zu
seyn als jene und bezeichnen hier mit dem Ausdruck Jankee einen interessirten Menschen. Dieses ist der Character, den sie sich selbst geben. —
Es scheint mir, daß sie zu wenig formell sind,
und daß man den guten Herzen hier gar Vieles
zu gute halten muß, unter anderen das Tabacks-
kauen, welches hier bei allen Männern Gewohnheit ist. Ein Virginier spuckt beständig aus, dehnt
sich auf den Stühlen, und behält den Hut auf
in Gegenwart der Damen. Obgleich diese un-

6*

vergleichliche Freiheit in den ganzen vereinigten
Staaten herrscht, so wird sie nirgends mehr in
Ausübung gebracht als hier. Es ist ein Vorrecht
der true virginians, sich nicht zu genieren. Auf
ihre Nationalität, oder vielmehr Sectualität sind
sie sehr stolz und nennen sich im Vergleich zum
übrigen Amerika: the old settlement. Die
Virginier sind auch stolz auf ihr Talent und
schmeicheln sich, unter sich die meisten großen
Männer Amerika's zu zählen. Sie nennen mit
Enthusiasmus: Washington, Jefferson, Randolph
u. s. w. Dieses Talent mag häufig seyn, aber
es schlummert bei den meisten. Wissenschaftliche
Bildung ist, wie mir Gelehrte versichert haben, hier
meistens sehr oberflächlich. Das Volk hat einen
natürlichen Hang für das Spiel und den Trunk.
Es giebt in Richmond eine Anzahl geheimer Spiel-
häuser, welche, wie die Höllen in London, nur
den Spielern bekannt sind, und worin zuweilen
Fremde zugelassen werden. Oeffentlich zeigen sie
diesen Hang bei den Pferderennen, welche sehr
häufig stattfinden und wobei ordentlich gewettet

wird. Diese Rennen sind aber nicht mit denen in England zu vergleichen. Es laufen selten über ein halbes Dutzend Pferde, sie bewegen sich nicht wie dort im kleinen Kreise, in abgestochener Bahn, sondern laufen grausamerweise eine deutsche Meile Weges, und man verliert sie aus dem Gesichte, ehe sie an das Ziel zurückkommen. Die Pferde sind jedoch fast nicht minder schön als in England, und wenn man sie so gut in Acht nähme als dort, so würde die Race durchgängig schön werden.

Die amerikanischen Pferde haben es sauer. Wenn sie bei dem Rennen in England eine Meile laufen, so laufen sie hier fünf. Diese, also eine deutsche Meile legen sie in gestrecktem Galopp in etwa 7 Minuten zurück. Im täglichen Gebrauch werden sie eben so stark angestrengt, und nicht selten macht ein Pferd eine Reise von zehn bis zwölf deutschen Meilen in einem Tage. Mit drei Jahren muß ein Pferd hier oft schon Sattel oder Geschirr tragen. Dieser starke Gebrauch verkürzt ihre Existenz sehr, welche sich selten über ein Dutzend Jahre ausdehnt. Man kann diese eblen

Thiere nicht ohne Bedauern so rohen Händen anvertraut sehen. Das Virginische Pferd ist kleiner als das Englische. Es gleicht an Zierlichkeit des Baues, vorzüglich der Schenkel und Füße, in der Leichtigkeit der Bewegung, an Tragung des Schweifes, dem arabischen Pferde mehr als irgend ein anderes. Man findet mitunter hier die größten Pferde-Schönheiten in den Händen eines Karrentreibers. Für **200** Dollars kann man ein Prachtstück haben. Selten werden die Pferde schön gehalten. Die Virginier reiten wie die Säcke, das heißt, sie wirken blos auf das Pferd durch das Geseß der Schwere, Führung und Anstand sind ihnen unbekannt. Die Reittheorie besteht bei ihnen in zwei Säßen; nämlich, daß der Zügel zum Festhalten des Pferdes dient und daß es durch Prügel vorwärts geht. Das feine Gefühl, welches die Natur dem Pferde gegeben hat, die Empfänglichkeit, welche es für die Hand und den Schenkel des Reuters besißt, werden hier recht eigentlich im Keime erstickt. Die freie und gedehnte Bewegung, welcher der Reiter befördern

soll und die man bei uns an einem wohl zuge=
rittenen Pferde so sehr schätzt, wird hier in einen
Lauf verkrüppelt, welcher halb Trott, halb Galopp
ist. Zwischen Schritt und Trott haben sie auch
noch ein Mittelding erfunden. Ein so gewöhntes
Pferd heißt hier pacer. Ein jeder Pflanzer hat
seinen pacer, womit er seine Geschäfte besorgt,
und schätzt denselben um so mehr, wenn alle Leb=
haftigkeit verschwunden ist, so daß er ihn stunden=
lang an einen Baum gebunden stehen lassen kann.
Ob diesen armen Thieren späterhin ein besseres
Loos bereitet werden wird, lasse ich dahin gestellt
seyn; gewiß ist, daß das monarchische Europa
eine ganz andere Ansicht von Pferden hat, als
das republikanische Amerika.

Dieses Pferdecapitel muß ich abbrechen, obgleich
noch Vieles darüber zu sagen wäre, weil es nur
als Randglosse dienen sollte zu den Wetten, die
hier bei den Rennen stattfinden. Obgleich ich
das beau en cheval bewundere, so gehöre ich
doch nicht zu der Secte der Pferdeverehrer, welche

dazu geschaffen sind, andere Menschen mit ihren Pferdegeschichten zu langweilen. Das Gesagte dient indessen so weit zur Characteristik der Menschen, um zu zeigen, daß sie ihre Pferde mehr zum Nutzen als zum Vergnügen halten. Wie sie aus den Wettrennen ihren Vortheil ziehen, mag folgende wahre Anecdote beweisen: Bei einem solchen Wettrennen produzirte ein Pflanzer ein Pferd, welches alle Preise mit großem Vorzug gewann. Ein anderer Pflanzer erkundigte sich nach dem Preise des Pferdes und bezahlte sogleich die hohe Summe, welche der Eigenthümer für dasselbe forderte. Der neue Herr ließ das sieggewohnte Thier in die Schranken treten und alle Zuschauer, welche Pferdeverstand besaßen, wetteten, daß es gewinnen würde. Niemand aber wollte die Wetten halten, bis ein geheimer Agent des Eigenthümers erschien, der sie alle annahm. Was geschah! Im Laufe blieb das beflügelte Pferd wider alle Erwartung zurück und Jonathan strich lachend die Wetten ein und stellte sein à deux main Pferd hin, bis es ihm convenirte, es wieder durch Schnelllaufen gewinnen zu laſſen. Der Jokey war das **Deus ex machina**.

Ich will jetzt noch etwas von dem andern Hange der Virginier ſagen, nämlich von den zu ſtarken Getränken. Ob das heiße Clima, oder die Gewohnheit des Tabackkauens ſie ſo austrocknet, kann ich nicht beſtimmen, aber ſie nehmen erſtaunlich viel Flüßigkeiten zu ſich. So wenig Eßluſt ſie im Allgemeinen haben, ſo ſehr ſuchen ſie ſich durch ſprirituöſe Sachen zu ſtärken. Sie fangen damit ſchon des Morgens vor dem Früh=ſtück an und nehmen mit großer Vorliebe ein Getränk, welches Mintjulap heißt. Dieſes beſteht aus einem halb mit einem Kraut gefüllten Glaſe, welches wir Münze nennen und einen ſtarken Parfüm beſitzt. Rum und Wein wird darauf gegoſſen, ein paar Zapfen Eis hineingeſteckt, und ſobald ſich die Elemente gehörig vermiſcht haben, wird es, als wenn es Waſſer wäre, verſchluckt.

In Richmond, wo die Leute ihre müßige Zeit auf den Straßen zubringen, iſt die Frage, wenn man ſich des Morgens begegnet, have you had your mint? Die verneinende Antwort welche ich gab, machte der Leute Verwunderung und meine Neugierde rege, den Nectar zu versuchen. Es ist ein sehr verführerisches Getränk, höchst erfrischend im Geschmack, aber höchst verrätherisch, wenn man es genommen. Es berauscht die Menschen, ohne daß sie es merken. Sie trinken, wie Lichtenberg sagt, im Geheimen, und sind nachher öffentlich besoffen. Ich für meinen Theil begnügte mich mit dem Probiren und habe, da ich doch einmal ein Europäer zu bleiben gedenke, mir fest vorgenommen, dem Bachus kein Morgenopfer weiter zu bringen.

Ich habe es bis jetzt aufgeschoben, einen Gegenstand zu berühren, dem Richmond hauptsächlich seine Existenz verdankt, indem ich hoffte, von selbst darauf geführt zu werden, und sehe mich nun genöthig, so schwierig es auch ist, einen kräftigen Entschluß zu fassen und gewaltsamer Weise hineinzubringen. Ich meine die Tabackshäuser, genannt Inspection houses. Will man sich einen Begriff von einem sehr warmen Orte machen,

welcher, wie viele Leute behaupten, in einer zu=
künftigen Welt vorhanden seyn soll, so gehe man
nach Richmond und kaufe Taback. Die Sonne
prallt auf ein niedriges Dach, welches einen Raum
bedeckt, der voller Tabacksfässer steht. Eine An=
zahl Neger sind beschäftigt, diese aufzuschlagen.
In den kleinen Zwischenräumen stecken die armen
Seelen der Käufer herum, welche man vor Staub
nicht sehen kann, sie riechen und besehen den ge=
zogenen Taback und bekommen häufig Stöße von
den Eisen der Schwarzen, welche rufen: stand off
Sir! Sind alle Proben gezogen, so klettern die
Herrn Kaufleute auf ein Gerüst, woran sie sich
sitzend festhalten, in der Mitte desselben ist ein
Boden, worauf jedesmal die Probe geworfen wird,
welche verauctionirt werden soll. Derjenige, dem
sie zugeschlagen wird, nimmt sie zwischen die Füße
und trägt sie nach Beendigung des Verkaufs zu
Hause. In diesen lieblichen Plätzen versammelt
sich täglich die Kaufmannschaft von Richmond. Es
giebt dieser Oerter drei, welche weit auseinander
liegen. In Baltimore sind die Tabackshäuser

schöne massive Gebäude, worin man vor der Hitze
geschützt ist, allein in Richmond sind sie der Wit-
terung so sehr ausgesetzt, daß sie nicht einmal zu
Ställen dienen könnten.

Wie die Anstalten zum Geschäft in Richmond
hinter Baltimore zurück sind, so sind es auch die
öffentlichen Einrichtungen. Baltimore wird jeden
Abend durch Gas sehr gut erleuchtet, aber in
Richmond brennt keine Laterne. Man kann hier
Hals und Beine brechen. Es befinden sich Ab-
gründe in der Stadt. So giebt es in einem
Theile die **African town**, welche ganz von Negern bewohnt wird. Diese ist in einer Schlucht
gelegen, auf welche mehrere Straßen zulaufen, und
mehreremale bemerkte ich des Abends mich mit
Schaudern ganz nahe am Rande. Ein anderer
Uebelstand ist der Staub. Der felsige Boden dieser Stadt bringt einen sehr empfindlichen Staub
hervor, der die Straßen fortwährend bedeckt, die
nie begossen werden; derselbe füllt Einem Augen
und Mund, sobald man ausgeht. Die angenehme
Einrichtung, die sehr eleganten Fiacre, welche in

Baltimore auf den Straßen halten, vermißt man
hier ganz — kurz alles zeigt an, daß man sich
schon um einen Grad von dem Mittelpunkt des
Landes entfernt hat.

Ich verließ diesen Ort, wo man zwar eine
schöne Natur zu bewundern, aber auch manches
Ungemach zu erdulden hat, nach einem vierzehn-
tägigen Aufenthalt, auf dieselbe Art, wie ich gekommen war, nämlich zu Schiffe. Die Fahrt
war monoton wie die vorige, mit Ausnahme eines
interessanten Gegenstandes, und dieses war der
General Brook vom regulairen Militair. Der
Titel General bedeutet hier im Allgemeinen wenig,
weil oft sehr unansehnliche Individuen ihn führen,
welche zur Zeit des Krieges ein Miliz = Regiment
commandirt haben. Dieser jedoch hat sich in den
Reihen der regulairen Truppen in Canada aus-
gezeichnet, und wird für einen der besten Feldherrn
dieses Landes gehalten. Er war nur von einem
Bedienten begleitet. Ich bemerkte hier den Unterschied der Länder, und dachte daran, wie verschieden ein General in Europa erscheinen würde.

Ich hatte den Vortheil einer langen Unterhaltung
mit ihm, sehr interessanten Inhalts. Das Werk
des Herzogs Bernhard, welches ich stets bei mir
führe, verschaffte mir diese Ehre. Ich hatte gerade
in diesem Buche etwas nachgelesen und legte es
weg. Der General nahm es auf und erinnerte
sich des Autors, welcher ihn besucht hatte, als er
im Staate Alabama ein Cantonement gegen die
Indianer commandirte. Er bezeigte, wie alle
Amerikaner, sehr große Freundschaft für diesen Prin=
zen, dessen schönes Benehmen in diesem Lande
dazu beigetragen hat, die Deutschen populair zu
machen.

In Norfolk wurde ich ein Paar Tage durch
Geschäfte aufgehalten. Ich erlebte hier ein Bei=
spiel des practischen Geistes der Amerikaner. In
einer Straße begegnete ich einem Hause, welches
nach einer andern Straße wanderte. Dieses ist
buchstäblich wahr. Dasselbe war zwei Stockwerke
hoch und von gewöhnlicher Größe. Das Erdge=
schoß war dicht über der Kelleretage abgebrochen
und die Steine jedesmal durch Rollen ersetzt.

Als das ganze Haus auf Rollen stand, wurde es
auf einer Doppelreihe gelegter Balken fortbewegt.
Dieses ist eine sehr schnelle Methode, allein keine,
die für die Festigkeit des Hauses spricht — aber
darauf kommt es hier selten an.

Ich kehrte diesmal bei Mrs. M. ein. — Nach
ein paar Tagen schiffte ich mich ein, und erreichte
nach einer glücklichen Fahrt von 22 Stunden die
Stadt Baltimore, wo ich mich angenehm in einem
etwas größern Grad von Civilisation wieder befinde.

Ich habe seitdem von manchen Geschäften hier
gefesselt, in dem alten Gleise fortgelebt, und bin
näher mit den Leuten, die jetzt an der Tagesord=
nung sind, bekannt geworden. Ich übergehe es,
gewöhnliche Particularien aufzuzeichnen, von Ge=
sellschaften zu erzählen, in denen sich die Personen
so wie die Capitel fortwährend wiederholen.

Die große Resource des Tanzens ist vorüber
und Landparthien besetzen die Abende der **Fashionables.** Ich hatte Gelegenheit, einige hübsche
Landgüter zu sehen, welche oft eine herrliche Aus=
sicht auf Stadt und Meer gewähren, worunter

ich die der Familien Sommerville, Edmondson, Caroll, Wilson aufzeichne. Die Heldinnen des Tages sind nicht weniger reizend unter den Laubengängen dieser Landsitze, als unter den Kronleuchtern der Ballsäle. Mit gleicher Wichtigkeit setzen sie hier ihre kleinen Angelegenheiten fort. Coquetterie und Medisance herrschen hier wie dort mit gleicher Abwechselung. Mit beiden verfolgen sie ihre ausersehenen Schlachtopfer, und wo das eine nicht hilft, da thut das andere seine Dienste. Bei dem häufigen Beisammenseyn entspinnen sich, meistens aus gleich nichtigen Ursachen, abwechselnd Freundschaften und Feindschaften, welche sich eben so leicht wieder aufheben lassen, als sie entstanden sind. Dieses ist bei mangelnder höherer, ästhetischer Bildung die Würze der Gesellschaft. Eine Anzahl junger Männer lebt von dem Lächeln der Schönen und ist abwechselnd elend oder beglückt; Andere, mehr erfahren im Leben, nehmen die Sache kühler und werden bitter getadelt — aber vielleicht mehr geliebt.

Dieses ist die Gesellschaft in Baltimore, dieses

das Element dieser lieblichen aber ephemeren Er=
scheinungen! Nur ein Jahr haben sie zu glänzen,
dann werden sie durch neue verdunkelt. Bis zum
Winter noch währt ihr Reich und dann kommen
sie auf die alte Liste. Schon jetzt erhebt drohend
die Fama ihre Stimme und ruft: Drei Dutzend
junge Mädchen werden mit den ersten Geigen=
strichen ihre Erscheinung machen, also ihr Schönen!
macht Heu, während die Sonne scheint. So viel
Zuwachs hat Baltimore noch nie auf Einmal
gehabt! — da ist eine mit einer halben Million!
eine mit einer viertel Million u. s. w. — Eine
junge Dame aus meiner Bekanntschaft hat sich
auch sehr der Eile befleißigt. Miß — war die
Blüthe der Gesellschaft — an Toilette, musikali=
schem und Sprach=Talent that es ihr keine zuvor.
Auf ihr Haupt wurde bei einem Feste am ersten
Mai die Rosenkrone gesetzt, und sie ward nach
dem Gebrauch dieses Ortes für das Jahr zur
Queen of May erwählt. Vermuthlich fand sie
das Kronentragen so angenehm, daß sie gleich be=
schlossen hat, noch eine zweite zu erwerben und

7

zwar von Myrthen, die sie aber nicht im schlep=
penden Gang der Gewöhnlichkeit, sondern wie
Napoleon die Kaiserkrone mit eigener Hand sich
selbst aufsetzte. Man nennt dies auch schlechtweg
Davonlaufen.

Doch ich verlasse Baltimore mit seinen Schö=
nen noch einmal auf acht Tage und bin in Washing=
ton. Vier Deutsche zusammen leben auf deutsche
Art, essen hübsch langsam auf ihrem Zimmer und
theilen ihre Zeit mit Sinn und Verstand ein.
Unter der Leitung des Welt = und Lebemannes
Herrn R. langweilt man sich nie und bekommt
was Gutes zu essen und zu trinken. Seine drei
Landsleute, F. R., A. B. und ich geben ihm das
Zeugniß eines **Senechalls par excellence**. Es
ist ein nicht häufiges und schätzbares Genie, eine
Vergnügungstour zu dirigiren, die Zeit richtig an=
zuwenden und das Nothwendige gut zu verschaf=
fen. R. versteht dieß aus dem Grunde. Sein
guter Geschmack und seine große Erfahrung, seine
Umsicht und seine liebenswürdige, stets heitere
Laune, stempeln den gebornen Herrscher. Er ist

ein ehrenvolles Mitglied der alten Garde, worunter
er so lange ruhmvoll gedient. Man mag sagen
was man wolle, Andere fröhlich zu machen ist
das erste der Talente, der Nutzen aller übrigen
ist relativ. Der Koch, die Aufwärter, der Mieth=
kutscher mußten vor ihm erscheinen, und eine gründ=
liche Instruction entgegennehmen.

Ich will zweier Excursionen erwähnen, die
wir machten. — Die erste ging nach Mount Ver=
non, dem Landsitze des großen Washington. Man
fährt nach Alexandria und von dort aus auf sehr
schlechten Wegen zu diesem Wallfahrtsort der
Amerikaner. Nicht weniger verfallen als der Weg
ist das Gut selbst, obgleich es von einem Washing=
ton noch immer bewohnt wird. Das Haus ist
baufällig, das Gras wächst kniehoch, und die schöne
Aussicht auf dem Potomack bis nach der Stadt
Washington muß man mit Mühe durch die un=
beschnittenen Bäume suchen. „Republiken sind
undankbar,“ sagt ein römisches Sprichwort —
dieses findet man hier bestätigt. In Europa würde
man dieses Gut als ein Volksheiligthum bewahren,

7 *

man würde Zimmer, Mobilien, Gärten, Alles ge=
nau so unterhalten, wie der große Mann es zu
haben pflegte — allein dieses kostet Geld, und
um auch nur die kleinste Summe zu verwenden,
müssen 300 Menschen gefragt werden, die nichts
respectiren als ihr Interesse. Wir erkundigten uns
nach dem Grabe des großen Helden. Ein kleiner
Negerknabe wieß uns hin. Schwerlich naht sich
ein Europäer dieser Stätte, ohne ein Gefühl des
Unwillens über das unwürdige Ansehen dieses
Ortes zu empfinden. Wer einen deutschen Back=
ofen auf einem Dorfe gesehen hat, wird sich einen
deutlichen Begriff davon machen können. Sonst
war es mit einem hölzernen Gehege umschlossen,
allein dieses ist jetzt auch verfallen. Und hier
liegen die Ueberreste eines Mannes, dem eine halbe
Welt ihre politische Existenz verdankt, und der
auf eigene Größe verzichtend, die eines Volkes er=
stritt und begründete! Der Herzog von Weimar
hat diesen Ort gezeichnet, allein auf dem Papier
kann man die Oede nicht darstellen, womit er
umgeben ist — man kann sie nur mit dem Ge=

müthe dieser Nation vergleichen, bei der noch das ästhetische Gefühl schlummert!

Mit Unwillen verließen wir diesen Ort. — In einem Gehölze lagerten wir uns in's Gras. Wir hatten kalte Küche im Wagen, womit wir uns erquickten. Wir lagen unter hohen Eichen und gedachten dabei ähnlicher Ansichten in Deutschland. Wir hielten uns hier aber so lange auf, daß wir erst in der Dämmerung nach Washington zurückkehrten, welches freilich früh genug war, weil wir nichts weiter zu thun hatten, als den Küchenzettel unseres vortrefflichen Seniors zu prüfen.

Die andere Excursion, welche ich noch aufzeichnen will, war die nach den Potomack-Fällen (the great falls of the Potomac genannt). Der Weg dahin ist zwar sehr reizend, allein so schlecht, daß wir wohl mit dem Wagen, aber nicht darin, ihn passiren konnten. Auf den Höhen hinter Georgetown hat man eine himmlische Aussicht. An mehreren Stellen trifft man den neuen Canal nach dem Ohio. Derselbe ist schon 20 Meilen weit fertig und so weit und tief, daß zwei große

Dampfschiffe neben einander fahren können. Es ist einer der weitesten Canäle in der Welt. Nach neun Meilen Weges erreicht man ein Wirthshaus in einer wilden Berggegend. Von hier führt ein Fußpfad nach dem Flusse. Man hört das Brausen hinter den Bäumen sich bei jedem Schritte vermehren, und die hohen Felsenwände davon wiederhallen. Zuletzt befindet man sich auf einem vorspringenden Felsen am Fuße des Falles und sieht die weiße Masse vor sich herabstürzen. Der Fall wird sehr malerisch von Felsen gebrochen und ist etwa **100** Fuß hoch. Gegenüber ist ein hohes Ufer, noch höher als der Fall, und dort läuft der Canal. Wir hörten das Sprengen der Felsen und sahen die Menschen arbeiten. Wir nahmen ein sehr ländliches Mahl in dem Wirths=hause ein. Der Wirth hält ein Fremdenbuch mit einer Sammlung schlechter Witze darin. Auf dem Rückwege bedienten wir uns mehr des Wagens, und wäre uns dadurch fast noch einmal ein gro=ßer Fall vorgekommen.

Die Zeit des angenehmen Beisammenseyns

mit meinen Landsleuten verflog nur zu schnell. Sie kehrten nach Baltimore zurück und ich blieb, um meine Freunde in Georgetown zu besuchen. Ich werde mich nun eine Zeitlang im Kreise des Gewöhnlichen herumtreiben, und bis ich Zeit finde, die innern Regionen dieses Welttheils zu besuchen, und Muße, das darin Wahrgenommene zu Papier zu bringen, werde ich die Fortsetzung dieser Blätter ruhen lassen müssen.

Dreißigster Brief.

Baltimore, im September 1830.

Soll der Staat das Recht bewachen,
Oder ist's in jeder Hand?
Soll das Land die Menschen machen,
Oder macht der Mensch das Land?
Soll ein Fürst darin befehlen,
Der von Gott sein Recht empfing?
Oder soll das Volk erwählen
Achtend die Geburt gering?

Es ist erstaunlich schwierig, ein Raisonement
zu geben über die Vorzüge und Nachtheile der
Vereinigten Staaten, im Vergleich mit andern
civilisirten Ländern. Die Urtheile der Menschen
darüber sind so verschieden, daß man von ihnen,
wie ein guter Richter, nur Facta annehmen darf,

wenn man nicht bei der nächsten Discussion total
niedergemacht seyn will. Jeder Mensch urtheilt
nur durch Vergleichung und sein Maßstab gewinnt
an Genauigkeit, je ausgebreiteter seine Wahrneh=
mung wird. Die meisten Europäer, welche hieher
kommen, haben von Europa nichts als ihre Pro=
vinz, ihre Vaterstadt gesehen, also nur einen sehr
beschränkten Maßstab anzulegen. Viele von ihnen
sind junge Leute, welche sich zum Erstenmale dem
Zwange der Vorgesetzten entlassen fühlen, und bei
ihnen ist die Idee der Freiheit das rosafarbene
Glas, wodurch die Gegenstände betrachtet werden.
Unter diese Klasse setze ich die Enthusiasten. Dazu
kommt das alte Sprichwort, das „der Vogel singt
wie ihm der Schnabel gewachsen ist," und die
Menschen im Allgemeinen reden und urtheilen,
wie ihr Interesse und ihr Gefühl es wollen, und
so ist es vielleicht eine unmögliche Aufgabe, ein
unumstößliches Urtheil über dieses Land zu fällen,
und das Sicherste ist es, es zu machen wie der
Herzog von Sachsen = Weimar: die Gegenstände
hinzustellen wie sie vorkommen, und es dem Leser

zu überlassen, den Ton in das Bild zu werfen, nach seiner individuellen Ueberzeugung. Derjenige Autor, der am richtigsten darstellt, ist wahrscheinlich der, welcher sein Urtheil am meisten in Schranken bringt, und von diesem Grundsatze gehe ich bei der Fortsetzung meiner Notizen aus, denen ich nur in so fern einigen Werth verleihen kann, als es mir gelingt, den Gegenstand meiner Betrachtung in ein objectives Licht zu setzen.

Der letzte Bogen war vor Anfang des amerikanischen Sommers geschrieben. Derselbe überfiel mich an demselben Orte und zwar in geometrischer Progression, d. h. die Hitze nahm so schnell und in einem so hohen Grade zu, wie ich es keinesweges erwartet hatte. Es war zum Zeter schreien, wenn das nur geholfen hätte — aber auch dazu wurden die Leute zu matt, sie sprachen Alle erschöpft und leise, wenn sie sich begegneten, „are you not dead?" Die es durften blieben den Tag über in ihren Häusern, suchten daselbst durch Zugluft und Dunkelheit eine Idee von Kühle herzustellen und gossen sich geeistes Wasser und

Limonade durch die Kehle. Die Honoratiores
trugen weiße Jäckchen und große Strohhüte in
den Straßen. Die Zeitungen bemühten sich, den
Leuten begreiflich zu machen, wie groß das Unge=
mach sey, das sie ausständen, und gaben die Sa=
tisfaction, zu wissen, daß wir an 100° ertragen
hatten. Täglich fielen Leute todt auf der Straße
nieder; in der Point herrschte die **Cholera morbus**,
und man mußte die schlimmste Ausgeburt der
Hitze, das gelbe Fieber, befürchten. Gottlob! daß
wir in unserm feuchten Vaterlande doch solche
Hitze nicht auszustehen haben. Die Nässe, so un=
angenehm sie auch ist, läßt sich durch gute nahr=
hafte Speisen, durch Häuser und Wagen unschäd=
lich machen, allein der Hitze ist kein Widerstreben.
Derselben hat man das schnelle Welken der Pflanzen=
und Thierwelt zuzuschreiben. Die Menschen geben
davon das auffallendste Beispiel. Jung und schön
mit funfzehn Jahren, und alt und mager mit
dreißig. Die Natur indessen, überall gütig, hat
diesen Ländern ein hohes gebirgiges Rückland ge=
geben. Werfen wir den Blick auf die Charte,

so sehen wir durch den hintern Theil aller Staa=
ten die Kette der Allegheny=Gebirge sich ziehen;
diese verstatten den Menschen einen Zufluchtsort,
und man kann sich darin leicht ein paar tausend
Fuß über die Meeresfläche und Hitze erheben.
Dazu kommt noch der Vortheil, daß dieses Ge=
birge stark mit Mineralquellen versehen ist, so
sehr, daß es in jedem Staate Heilquellen giebt.
Statt daher im Monat Juli vor Hitze an der
Küste zu vergehen, sollten die Amerikaner in die
Urwälder nach Westen eilen, in ihre Felsenschluch=
ten sich vergraben und Brunnen trinken. Dieses
thun sie auch, in so fern es fashionable ist. Es
wird gewöhnlich zwischen drei Plätzen entschieden:
York, Bedford oder the northern springs. Der
erste Platz ist in Maryland und dient denen,
welche nicht lange Zeit, oder nur wenig Geld
zum Verreisen haben. Der zweite ist mitten im
Gebirge in Virginien, und zieht daher eine aus=
gedehntere Gesellschaft von verschiedenen Staaten
zu sich. Wer aber vornehm seyn will, muß noth=
wendig nach den northern springs gehen; Sara=

toga, Ballston oder Lebanon, Oerter, die ich später Gelegenheit haben werde, zu beschreiben. Dem Ruf der Mode und der Natur konnte ich vor Ende Juli nicht folgen, und hatte daher Gelegenheit, meine Erfahrung mit der Kenntniß der amerikanischen Hitze zu bereichern und den Vortheil, der Feier des Nationalfestes am 4. Juli in Baltimore beizuwohnen. So merklich das Erstere, unmerklich war das Letztere. Einige Schiffe im Hafen zogen Flaggen auf, und das war die Feier des Tages, an dem die Unabhängigkeit dieses Landes declarirt wurde. In New=York und Boston sollen sich indessen noch einige Leute finden, welche ein patriotisches Essen anstellen. Das Gouvernement, welches überall auf ein System von Oeconomie geht, giebt nichts aus für die Feier dieses Tages.

Am Freitag den 23. Juli, Morgens 7 Uhr, verließ ich Baltimore in dem Dampfschiffe Charles Caroll von Carolton, so genannt nach dem Patriarchen dieses Landes. Das Wetter war schwül und drohte Gewitter. Delphine sprangen

um das Schiff. Diesmal ging die Reise ganz
zu Waſſer. Das Schiff fuhr in eine Bucht am
Susquehannah, welche mit Wald bewachſen, eine
angenehme Fahrt verſtattete. In einer kleinen
Bucht ward gelandet. Hier fängt der Canal an,
welcher dieſes Waſſer mit dem Delaware verbin=
det, und die inländiſche Schiffahrt zwiſchen Bal=
timore und Philadelphia herſtellt. Ein Canalboot,
mit 4 Pferden beſpannt, lag fertig. Die Pferde
laufen im Trabe und werden ſtationsweiſe ge=
wechſelt. Die Einrichtung der Canalböte iſt ſehr
einfach. Sie haben wegen der Enge des Waſſers
nur 10 Fuß Breite, die Schleuſen ſchreiben ihnen
auch die Länge vor, ſo daß nur Raum für ein
Gemach darin iſt, worin hölzerne Bänke und Stühle
ſtehen. Das Boot, von Philadelphia kommend,
begegnete uns; wir hielten ſtill, um Paſſagiere
auszutauſchen. Kaum waren wir wieder unter=
wegs, als eine Perſon in ein heftiges Schluchzen
ausbrach. „Oh my husband!“ rief eine Frau
mit einem Kinde auf dem Arm. „Maam!“ rief
eine Stimme vom Verdecke, „You 'll be over-

board with your baby and all hands at you.“
— „Oh my husband,“ ſagte ſie, „he surely
got in the wrong boat.“ — „What is his
name?“ fragte der Mann. — „John Stein.“
— „John Stein!“ riefen die Leute über das ganze
Schiff. — „John Stein, where are you?“ —
„Hoh!“ — „Here he is eating as hard as
he can drive,“ — und wirklich wurde der zärt=
liche Gemahl aus einer Ecke geholt, worin er
Einiges ohne Beiſeyn ſeiner Ehehälfte ſich zu Ge=
müthe führte. Es gab eine Wiederſindungsſcene,
die alle Zuſchauer erbauete.

Gegen 3 Uhr erreichten wir das Ende des
Canals. Derſelbe erweitert ſich zu mehreren Malen,
indem Teiche dazu benutzt ſind. Die Gegend, wo=
durch er ſich zieht, iſt angenehm, zum Theil mit
Oeconomien, zum Theil mit Gehölz gefüllt. Letz=
teres wird aber immer mehr niedergehauen.—Im
Delaware lag ein geheiztes Dampfſchiff, um uns
nach Philadelphia zu bringen. Die Fahrt den
Fluß hinauf, würde intereſſanter ſeyn, wenn die
Ufer nicht ſo ſehr entfernt wären. Wir paſſirten

ein in der Mitte des Flusses angelegtes Fort,
welches die Schiffahrt leicht sperren kann. Es
ist in Form eines starken Thurmes, dessen Mauern
gleich aus dem Wasser hervorstehen. Weiter hinauf liegt Newcastle, der Landungsplatz von der
3 Meilen entfernt liegenden Stadt Wilmington.
Der Trog, das Mittagessen in Amerika genannt,
wurde an Bord des Dampfschiffes servirt. So
wie das Schiff dem Ufer näher kam, unterschied
man blühende Triften und freundliche Wohnungen.
Um 5 Uhr lag das prächtige Philadelphia vor
uns.

Sobald ich mein Quartier im **Mansion house**
genommen, besuchte ich meinen glücklichen Freund
E. H., dem seine Frau einen Erben geschenkt
hatte Ich fand diese lieben Leute blühend und
froh, wie ich sie zuletzt verlassen, und hatte noch
die Freude, A. M., seinen Associé aus Mexico,
dort zu finden. Wir brachten den Abend mit
sehr interessanten Gesprächen zu, wozu jeder von
uns aus seiner reichen Erfahrung hergab. Am
folgenden Morgen fuhr ich um 7 Uhr mit dem

Dampfschiffe weiter. Um Mittag kam ich in Bor=
bingtown an. Dies ist ein Vergnügungsort der
Philadelphianer, wohin viele Familien sich im
Sommer begeben. Vom Ufer erhebt sich eine
angenehme, beschattete Höhe. Ein Park dehnt
sich daneben aus. Ein hoher mit Blech beschla=
gener Thurm erhebt sich aus den Bäumen. Die=
ses ist das Observatorium, welches zum Schlosse
gehört, das Joseph Bonaparte jetzt bewohnt. —
Se. katholische Er=Majestät waren aber abwesend.
Die Gärten stehen jedem Fremden offen; das
das Ganze sieht etwas spanisch aus — halb gran=
bios , halb verfallen.

Als ich im Begriff war, mein Gepäck aus der
Confusion zu ziehen, und einen Platz in den fer=
tig stehenden Kutschen nehmen wollte, erblickte ich
meinen Freund M. E., welchen Ihr Euch aus
meinen Reiseblättern aus Spanien erinnern wer=
det. Er bewog mich, abpacken zu lassen und bei
ihm zu essen. Seine Wohnung war ein kleines
Landhaus. Er beschäftigt sich wissenschaftlich und
lebt sehr glücklich, denn er besitzt eine kleine Frau,

die alle seine Liebhabereien theilt. Sie hatte eine
komische Frisur, welche hier jetzt sehr gebräuchlich
ist, nämlich kurz geschnittenes Haar. Nach Tische
nahm ich meinen Platz in der Kutsche nach Trenton und erdulbete auf dieser Fahrt alle Unbequem-
lichkeiten, die Amerika aufzuweisen hat. Hinter
Bordingtown ist die Schönheit der Gegend zu
Ende, wie. bei einer Theater=Decoration. Die
Sonne sandte ihre Strahlen und der Staub seine
Wolken. Das aber war nicht alles. Eine Familie (die ich Bauern nennen möchte, in einem
Lande, wo es Stände giebt) bevölkerte den schlech=
ten Wagen. Ein betrunkener Mann, eine schmutzige
Frau, vier schreiende Kinder und ein Korb mit Hüh=
nern, **picture of human misery!** Der Rücksitz war
von einem ältlichen Ehepaare, einem dicken Manne
und einer magern Frau, eingenommen, ich ward also
auf die Mittelbank, unmittelbar zwischen die ländliche
Familie geworfen. — Der König von Preußen
hat, wie ich höre, in seinen Staaten das weise
Gesetz gegeben, daß keine Kinder in Eilwagen
reisen sollen. Se. Maj. ist der Schutzpatron aller

vernünftigen Menschen, die in England und Frank=
reich gewohnt sind, zu leiden. Aber mit Hüh=
nern! mit Hühnern habe ich noch nie die Ehre
gehabt zu reisen! Der Mann schlief ein und
verlor seinen Hut. Wir mußten lange halten,
um ihn wieder zu finden. Die Frau huschte und
knuffte die Kinder, die mörderlich schrieen. Eine
ganze Flasche Floriba=Wasser hatte ich schon über
die Familie ausgegossen, und doch nicht die Luft
verbessert. Der Korb stand mir auf den Füßen.
Ich bot der Frau an, die Hühner zu bezahlen
und sie fliegen zu lassen. Dieses reizte ihren re=
publikanischen Stolz und sie gab mir eine ächt
republikanische Antwort. Die Thiere starben in=
dessen, die Opfer der Gleichheit — sie erstickten
und es war ein Geschrei weniger — die Frau
beweinte ihr tragisches Ende! Ich überlegte, ob
das Elend zu reisen, wohl noch höher steigen
könne, als das Sprichwort sich bewährte: Wenn
die Noth am höchsten, ist die Hülfe am nächsten.
Es war finster; der Wagen hielt. Ein anderer,
nur mit zwei Sitzen versehen, wurde herangefah=

8 *

ren. In diesen sollten wir uns packen. Himmel,
dachte ich, welch ein Noahkasten wird das werden!
Glücklicherweise nahm die magere Frau auf dem
Rücksitze dieses übel, und entwickelte ein sehr re-
spectables Mundwerk. Sie machte dem Wagen-
genmeister begreiflich, daß dies ein ungewohntes
Verfahren, daß er kein Gentleman sey und sie
respectable Leute wären. Der Gegner, obgleich
hinlänglich mit Grobheit bewaffnet, mußte sich
mit Schimpf zurückziehen, und zwei andere Wagen kommen lassen. Dieses war der Wendepunkt
meiner Leiden. Die Hühnerfamilie bezog den
einen und ich mit dicken Mann und der mageren
Frau den anderen Wagen. Der dicke Mann
hatte sich bei der Sache ganz leidend verhalten,
so wie ich; wir waren Beide nur als Observa-
tions-Corps aufgestellt, um den Feind in Respect
zu halten.

Während der Leidensfahrt war meine Aufmerksamkeit so sehr im Wagen gefesselt gewesen,
daß ich nur wenig Sinn für angehehme Gegenstände ausserhalb desselben übrig behalten hatte.

Es war auch wenig zu sehen, mit Ausnahme von
Princetown, ein hübsches Städtchen mit schönen
Universitäts-Gebäuden, woselbst die keimenden Talente des Staates New-Yersey sich entwickeln.
Um 11 Uhr Abends erreichten wir New-Braun-
schweig, wo wir Nachtquartier nahmen. Am folgenden Morgen stand ich früh auf, um den Ort
in Augenschein zu nehmen, ehe die Hitze das Aus-
gehen unmöglich machte. Ich war erstaunt über
die schöne Lage des Ortes, durch ein spiegelklares
Wasser und schönen Sonnenaufgang gehoben.
Ein Dampfschiff brachte mich von hier nach New-
York durch die Narrows — einen Archipel längs
der Küste.

Die Stadt präsentirte sich, als wir gegen sie
auffuhren in ihrer ganzen Bedeutung. Der Strahl
der Morgensonne gab der Scene einen heitern
Anstrich, und die Sabbathfeier eine Weihe, die
das Gemüth zur Andacht stimmte. Das Geläute
der Glocken, die Ruhe im Hafen, die aufgezoge-
nen Flaggen auf den zahlreichen Schiffen, stellten
den Begriff des Sonntags-Morgens dar. — Als

ich diese Scene zum Letztenmale sah, lag der
Schnee fußhoch und der Eisgang versperrte die
Schiffahrt. Jetzt prangte die Vegetation in ihrer
schönsten Fülle. Die Battery war eine Masse
grüner Bäume geworden, und schien ein sicheres
Asyl bei der Tageshitze zu seyn. Hobocken war
ein Wald geworden. Alle Inseln und die Ufer
dieser schönen Bay waren Landschaften, Parks
und Gärten. Jetzt drängte sich mir die Wahr=
heit einer Bemerkung auf, die man nicht findet,
wenn man gerade von Paris kommt, wohl aber,
wenn man dieses Land durchreis't hat, nämlich,
daß New=York der Centralpunkt der ganzen Ver=
einigten Staaten ist.

Noch mehr wurde ich von der Wichtigkeit
von New=York überzeugt, als ich ein paar Mo=
nate später von den westlichen Staaten zurückkam,
und die starken Wurzeln seiner Kraft, die Flüsse
und Canäle, die großen Communications=Mittel,
die Seen und Landstraßen, gesehen hatte, die auf
dieses große Centrum zuführen. Der große Erie=
Canal, welcher **72** deutsche Meilen weit das Land

durchschneidet, diesen Hafen mit den großen Land=
Seen in Verbindung setzt, und dadurch die ent=
ferntesten Provinzen dieses Landes an New=York
knüpft, ist allein hinreichend, um auf diesen Fleck
ein großes Emporium zu bilden. Es ist wahr,
hier wachsen keine Ausfuhr = Producte, allein die
Lage des Hafens, die Bequemlichkeit, die für die
See= und Canalschiffahrt sich hier findet, wird
diese Stadt wohl immer zum Reunionspunkt
zwischen dem In= und Auslande machen. Es ist
wohl möglich, daß eine andere Stadt eine sehr
große Verbindung mit den westlichen Staaten an
sich ziehen kann, allein dieses beruht auf der Be=
endigung einer **300** Meilen langen Eisenbahn,
die dann allerdings die unendlichen Producte des
Mississippi, nach einem Markt leiten würde, wo
der Todesengel nicht die goldenen Früchte des
Handels vertheidigt.

Doch, ich bleibe bei meinem Faden, und zwar
für jetzt in der Stadt Manhattan, oder New=York,
woselbst ich bei dem Herrn Bunker ein Bad,
Frühstück und Logis nahm. Ich war sehr erfreut,

meine Freunde und Landsleute wiederzusehen, die noch immer en garçon lebten. Sie essen bei Bunker, sprechen über den Handel, nehmen ihre Geschäfte vor, und weiter passirt ihnen nichts. Aus meiner bunten Sphäre in dieses eintönige Leben versetzt, das indeß die Gewohnheit, wie manches andere, zum Paradiese-machen kann, begriff ich deutlich, wie gut es war, bei meiner ersten Ankunft hier nicht gleich vom Einzelnen auf das Ganze zu schließen, und anstatt mich in New-York in Gewohnheiten zu begraben, weiter zu gehen, um Land und Leute kennen zu lernen, die gar sehr verschieden sind. Es ist erstaunlich, zu bedenken, wie wenig der Mensch zu sehen braucht und wie viel er sehen kann.

Meinen Aufenthalt brauche ich nicht weiter zu beschreiben. Ein Tag verstrich wie der andere. Meine Familien-Bekanntschaften befanden sich auf Brunnenreisen. Abends gab es öffentliche Amusements in Niblos Garten, wohin die Menge strömt, um Musik zu hören und Lampen zu sehen, oder nach dem Castle-Garten, wo auf dem Theater die

Schlacht von Navarino gegeben wurde. Dieses ist gut für Einmal.

Nach einer Periode von Einförmigkeit war ich desto begieriger, neue Eindrücke zu empfangen, und ich trat meine Reise in das Innere wohl vorbereitet an.

Am Donnerstag den 5. August begab ich mich an Bord der Sicherheits-Barke (safety barge). Dieses Fahrzeug ist eine Erfindung, gemacht, um dem Unglücke vorzubeugen, welches durch das häufige Auffliegen von Dampfschiffen in diesem Lande, öfterer als monatlich, entsteht. Die Regierung, welche hier mehr unterläßt als thut, sorgt nicht für die öffentlichen Anstalten. Alle sind Privatunternehmungen. Als solche sind sie Speculationen, und nur darauf abgesehen, das in die Augen Fallende, nicht aber das Gute zu haben. In Europa, wo nicht ein solches System von Oeconomie herrscht, fliegen die Dampfschiffe fast nie auf, weil man kupferne Kessel nimmt, die gehörige Mannschaft, und vor allem einen sachverständigen Ingenieur hat, auch nicht durch high pressure Feurung ersparen will. Hier will der Eigenthümer nur so viel thun, als nöthig ist, um das Volk anzulocken (accomodate the public) und er fragt nur in so weit danach, ob man bequem oder sicher ist, als es sein Interesse verlangt. Ich habe es erlebt, daß gar kein Ingenieur an Bord war, daß ein Matrose die Maschine still stehen machte, ohne dem Dampfe das Ventil zu öffnen, und daß das obere Ventil von selbst mit großer Kraft aufflog und dadurch das Spriugen des Kessels verhindert wurde. Um dieses Unglück nun zu verhüten, oder vielmehr um aus dem schlechten Rufe der Dampfschiffe Vortheil zu ziehen, hat ein Speculant sein Sicherheitsboot eingerichtet, welches nichts anderes ist als ein schwimmendes Wirthshaus, das von einem Dampfboote gezogen wird. Dieses Anhängsel verringert natürlich die Schnelligkeit der Bewegung, welche sonst bei den Dampfböten auf dem Hudson sehr groß ist. Man fährt nämlich in 12 Stunden durch Dampf nach Albany, welches 150 Meilen von New=York entfernt ist. Die zweckmäßigste

von allen Verbesserungen wäre meines Erachtens:
kupferne Kessel und einen guten Ingenieur zu
haben, und dann das einfache Mittel anzuwenden,
was bei Pulvermagazinen angewandt wird, um
eine Explosion schadlos zu machen, nämlich das
Haus, worin der Kessel ist, nach Außen leicht
und nach Innen fest zu bauen, damit die Explosion
nach dem Wasser und nicht dem Schiffe zuge=
wandt werde.

Für diesmal indessen hat das Publikum das
Sicherheitsboot, welches unmittelbar an das Dampf=
schiff gehakt wird. Es schien auch die öffentliche
Meinung für sich zu haben, denn es kamen über
200 Passagiere an Bord. Um 10 Uhr Morgens
fuhren wir ab. Es ging sehr angenehm; weder
der Schmier=Geruch der Dampfmaschine, noch die
Erschütterung, die sie hervorbringt, war bemerklich.
Ich setzte mich auf das obere Deck unter das
Zelt und betrachtete mein Reisebuch, die Ufer und
die Leute. Von der bunten Menge kannte ich auch
keine Seele. Vor lauter Verabredungen war ich
ganz allein weggereis't. Alle meine Bekannten

sprachen von mitreisen, konnten aber nie fertig
werden. Ich hoffte sobald ich wünschte, Gesellschaft
finden zu können, und das Glück war mir auch
recht günstig. Auch bin ich recht gern ein paar
Tage allein und mache den Beobachter. Für jetzt
hatte ich auch reichen Stoff an den schönen Ufern
und der zahlreichen Gesellschaft. Es waren lauter
wohlgekleidete Leute, die, wie ich vermuthete, nach
den Bergen und Bädern eilten. Man kennt hier
durchaus nicht den Mann an dem Rocke. Ein
Handwerker trägt sich wie ein Staatsmann. Hie
und da bemerkte ich eine Familie, deren gemesse=
nes Wesen die **would be fashionables** verrieth.

Die New=Yorker machen bei öffentlichen Ge=
legenheiten sehr vornehme Mienen und bewegen
sich mit vieler Grandezza, sind aber gewöhnlich
ihre eigenen Bedienten, und werden vergleichungs=
weise mit sehr wenigem Decorum behandelt. —
So z. B. anstatt daß bei uns auf den Dampf=
schiffen ein Mann herumgeht und die Passagiere
mit Billetten versieht, müssen sie hier auf ein ge=
wisses Signal zum Capitain kommen. Ein Neger,

mit einer ohrzerreißenden Glocke, geht herum, und
schellt die Leute nach dem Zimmer des Capitains
hin, und ruft dabei: „Passengers that have not
paid their passage please to call at the Cap-
tains office." Die vornehmen Leute stehen endlich
alle zwischen dem wüthenden Lärmschläger und
dem langsam rechnenden Capitain, welcher in
einer Bude sitzt, und den Leuten einzeln ihre
Namen abnimmt und Nummern zu Copen giebt.
Die Leute sind indessen in diesem freien Lande
schon gewohnt, alles nach der Schelle zu thun
und über einen Kamm geschoren zu werden.

Nachdem der Capitain die Gnade gehabt hatte,
mir die Nummer zuzutheilen, eilte ich wieder auf
das Verdeck, um die verlorene Gegend, wo mög=
lich, nachzuholen. — Die Amerikaner nennen den
Hudson=Fluß ihren Rhein, er ist aber doch weit
davon verschieden, obgleich er auch sehr schöne
Ufer hat. Der Unterschied ist eben so leicht zu
finden als die Aehnlichkeit. Im Allgemeinen sind
die Ufer zu weit, um sich malerisch zu produciren,
auch fehlen die Ruinen und Schlösser, die Jahr=

hunderte erzählen — vor allem aber der goldene
Rebensaft, den die Natur den Kindern dieser
Hemisphäre gänzlich vorenthalten zu haben scheint.
Hier sieht man Maisfelder und Plantagen, die
Entstehungen der Mitzeit im hellen Sonnenlicht,
und kein Halbdunkel bietet der Legende ein Nest=
chen an. Doch der Europäer sollte die Vergan=
genheit lassen, wo sie ist, und hier die Gegenwart
betrachten und die Zukunft denken. — Wie vielen
Menschen werden diese fruchtbaren Ufer, wird
dieser schiffbare Strom nicht Unterhalt gewähren!
Welch ein unermeßliches Inland schließt er nicht
auf! Rechts und links sieht man das Holz aus=
gehauen und Felder gebaut — sieht man Woh=
nungen zu Dörfern, Dörfer zu Stadten wachsen!
Dieser Strom ist eine große Pulsader, von wo
aus Ätherien durch den ganzen Körper laufen.
Da, wo die Natur die Verbindung gehemmt zu
haben scheint, haben die Menschen die Hindernisse
überwunden. Ein Canal leitet dieses Wasser bis
zu den großen Seen, welche im Norden das
weite Land begränzen und die Fibern dieser großen

Aber sind bis in's Unbekannte ausgedehnt! So
wie der Handel durchdringt, belebt sich der ganze
Körper — und nimmt zum Erstaunen zu! Schon
jetzt zählt der Staat von New-York an zwei
Millionen Seelen, und täglich macht dieser Canal
das Land weiter an seinen Ufern erblühen!

Ich will Euch nicht mit einem Verzeichniß
der Oerter ermüden, die längs den Ufern liegen —
ein Gemälde, das Effect machen soll, darf nicht
überladen seyn, besonders wenn es aus der Ferne
angesehen werden soll. Ich will nur das Merk=
würdige erwähnen. Der Anfang der Fahrt ist am
wenigsten interessant, allein das Interesse wächst
bei jedem Schritte. Zuerst hinter New-York sind
beide Ufer abschüssig, unten Felsen und oben Holz.
Dies dauert ein paar Stunden. Das linke Ufer
aplanirt sich dann und gestattet den Blick in ein
fruchtbares Land. Dann kommt Singsing, ein
Ort mit dem Staatsgefängnisse, ein großes Ge=
bäude. — Nachdem ziehen sich die Ufer etwas
zusammen und werden hoch. Man ist in den
Hochlanden und sieht die Reihe der Katskill=

Gebirge. Hier setzt das Boot Passagiere an's
Land; denn hier ist ein Vergnügungsort. Oben
in dem Gebirge hat man zwei große Gasthöfe
errichtet. Es ist dort ein sicheres Asyl gegen die
Hitze, indem die Höhe dem Thermometer nie er=
laubt, über „gemäßigt" zu treten.

Gegen Abend erreichten wir das Ende der
Hochlande und kamen in ein schönes, großes
Bassin, woran die Stadt Hudson liegt. Kurz
vorher liegt Westpoint, die berühmte Militairschule
Amerika's. Es ist ein Plateau, halb von Bergen,
halb vom Flusse umgeben. Darauf befinden sich
große Gebäude, der Regierung gehörend, und ein
großer Exercierplatz. Der Herzog von Sachsen=
Weimar giebt eine ausführliche Beschreibung da=
von und ist Sachkenner. Ich glaube, daß dieses
Institut sehr gut seyn muß, denn alle jungen
Leute, die ich kenne und dort erzogen wurden,
sind sehr bescheiden und liebenswürdig, und sollen
solide Kenntnisse besitzen. Man erkennt sie sehr
bald, da diese Eigenschaften etwas Seltenes in
diesem Lande sind. Die Subordination und das

Exercitium giebt ihnen eine militairische Haltung, die vortheilhaft gegen den nachlässigen Anstand der Amerikaner absticht. — Leider muß ich erzählen, daß dieser Anstalt jetzt ein Ende droht, indem der Congreß nicht mehr die Ausgabe bewilligen will. Die guten Repräsentanten des Volks haben so wenig Sinn für diese Vorzüge und handeln nach einem System von Oeconomie, weshalb sie gewöhnlich gegen Alles stimmen, wobei das liebe Selbst nicht auf eine sehr directe Weise profitirt. Der Senat, welcher aus einer civilisirten Menschenklasse gewählt ist, beschützt glücklicherweise das Institut, und wird hoffentlich die Auflösung verhindern.

In unserem Boote war es indeß Abend geworden, und Anstalten wurden gemacht zum Schlafen. Es läßt sich wohl denken, daß in einem Schiffe, wo über **200** Passagiere sind, die Bequemlichkeiten nicht groß seyn können. In der That waren sie sehr klein. In der untern Cajüte wurden sämmtliche Tische aneinander gerückt wie zum Essen, Matratzen wurden darauf gelegt mit

9

Bettlaken, und darauf mußten die Männer in
einer langen Reihe liegen. Es war eine solche
Beklommenheit, daß ich den Entschluß faßte, mein
Heil anderswo zu versuchen. Ich kletterte glücklich
auf das uns ziehende Dampfschiff, und fand eine
ganz leere Cajüte mit Betten an den Seiten,
deren eines ich ohne Weiteres einnahm. Die
Freude dauerte nicht lange, denn ein Mensch kam
und sagte mir, ich hätte kein Recht, das andere
Schiff zu verlassen. Die Zumuthung kam mir
indessen zu stark vor, und ich erklärte, daß ich
bleiben wolle und sagte dem Menschen, er solle
sich zum Teufel scheren. Er fand es gerathen,
mich liegen zu lassen. Ich hörte ihn draußen mit
Andern sprechen, allein man ließ mich in Frie=
den, und ich genoß der Ruhe und segnete das
eilfte Gebot.

Am Morgen lag ein dichter Nebel auf dem
Wasser. Die Gebirgsluft ist ganz anders wie an
der Seeküste. Es war kalt. Die Sonne drang
darauf durch, und eine Stunde nachher wurde
es heiß. Wir erreichten vor der Frühstückszeit

Albany. Dieses ist die Hauptstadt von New-York.
Sie enthält **30,000** Einwohner. Hier fängt der
große Canal an. Die Stadt ist gut gebaut und
hat mehrere öffentliche Gebäude, die in vielen
Reisebüchern gezeichnet sind.

Ich hatte keine Zeit, Albany genau zu be=
sehen, welches auch nicht nothwendig ist; ich hatte
auch nicht Zeit, daselbst zu frühstücken, welches
nothwendiger war. Vor dem Wirthshause stand
eine Kutsche, worin meine Freunde saßen, welche
mir vorausgereif't waren. R...... aus Salem,
C..... aus Savana und B.... aus Providence.
Sie wollten gerade nach Saratoga fahren, und
luden mich ein, bei ihnen Platz zu nehmen. Ich
besann mich auch nicht lange, und fuhr, ohne
gefrühstückt zu haben, mit. Wir fuhren längs dem
Flusse und sahen am andern Ufer die blühende
Stadt Troya (**Troy**). Ferner sahen wir den
Wasserfall von Cohow. Wir hatten einen Aufent=
halt wegen einer schlechten Brücke. Eines unserer
Pferde steckte einen Fuß dadurch. Um das Pferd
zu retten, deckten wir einen Theil der Brücke ab,

nachdem wir den Wagen hinüber gezogen hatten. Wir fuhren vom Flusse ab in ein sandiges Land mit einzelnen Tannen. Um Mittag erreichten wir Saratoga.

Man muß sich ja keinen deutschen Badeort denken, wenn man von Saratoga hört. Man muß sich nichts denken, als Sand und Staub. Eine Heilquelle, welche die Indianer schon kannten, fließt auf einer kleinen Wiese. Ein Dach von Brettern ist darüber gebaut, ein kleines Parterre auf Pfählen darunter, ein Neger mit einer Kelle, welcher einschenkt — und fertig ist ein amerikani=scher Brunnen.

Ich komme hier auf eine Bemerkung über Amerika, welche ich schon oft gemacht habe, und die ich hier vielleicht so gut wie irgendwo anders an ihren Platz setzen kann. Der Amerikaner besitzt einen großen Verbesserungstrieb, verbunden mit einem geheimen Respect vor Europa. Alles, was von dorther kommt, ist er begierig zu kennen, und bereit anzunehmen, sobald er es besser findet als das Vorhandene. Amerika ist eigentlich ein nach=

geahmtes Europa, welches aber sein Muster hie
und da übertrifft. Im Süden ist Spaniens und
im Norden Englands Spiegelbild über den atlan=
tischen Ocean geworfen. Vom Urvolk ist wenig
vorhanden. Dasselbe ist bis in's Unbekannte
zurückgetrieben. Weiße kamen von Europa, um
hier zu wohnen, und Schwarze von Afrika, um
ihnen zu dienen. Der Afrikaner ist hier wie ein
gezähmtes Thier und bringt nichts' von seinem
Lande mit als sich selbst. Hier herrschen europäische
Sitten und Sprachen. Es giebt hier nichts von
den übrigen Theilen der Welt. Nichts von Asien
mit allen seinen verschiedenen volkreichen Ländern.
Es ist das Merkwürdigste von Amerika, daß sich
Europa hier regenerirt. Ob sich jemals in der
Welt etwas Aehnliches zugetragen, ist ungewiß,
ob sich Europa einst von Asien aus so an den
Küsten des mittelländischen Meeres bevölkert hat,
oder ob es im Norden ein Urvolk gegeben, ist
zweifelhaft; gewiß ist aber nie das Schauspiel der
Regeneration so großartig aufgeführt worden wie
in Amerika. Eine solche Natur, wie diese Ströme,

Seen und Bergketten sucht man in der übrigen
Welt umsonst, und ein so weites Land ist nie auf
einmal bevölkert und so schnell gebildet worden,
weil es keines giebt, welches die Schiffahrt so
vielseitig bereichen kann. Die Natur scheint diese
Schatzkammer für die Europäer aufgehoben zu
haben, und dasjenige Volk, welches Kenntnisse
genug besaß, die Schifffahrt bis zur neuen Welt
auszudehnen, war dazu ersehen, sie zu besitzen.

Bei diesen allgemeinen Betrachtungen ist es
für einen Deutschen traurig zu bemerken, daß zwei
der gebildetsten Sprachen sich nicht aus Europa
mit in die neue Welt verpflanzen — die deutsche
und die italienische. Die Ursache davon ist wohl
folgende: Die Deutschen mußten gerade einen
spanischen König zum Kaiser erwählen zu der
Zeit, wo alle Völker Europa's Colonien in Amerjka
anlegten. Während nun in Spanien Carl **V.**
Flotten ausrüstete, die Schätze der neuen Welt zu
suchen, stritt er in Deutschland gegen die Refor=
mation. — Carls **V.** Krone vererbte sich auf
Philipp **II.**, aber nicht die des heiligen römischen

Reiches. Philipp wurde König von Spanien und
Indien, und Deutschland verlor auf immer die
Gelegenheit, sich in Amerika zu erneuen. Unsere
Sprache wird nun wohl, wie die italienische, eine
todte Sprache in Amerika bleiben, und wenn aus
Deutschland nicht wieder ein mächtiges Reich her=
vorgeht, auch in Europa verlöschen, welches bei
einer Eroberung, wie zu Napoleons Zeiten, ge=
schehen kann. In der Weltgeschichte ist die
Ausbreitung der Sprachen, so wie über=
haupt der geistige Einfluß mit dem poli=
tischen Gewicht verknüpft, und ein Volk,
dessen politischer Einfluß verschwunden
ist, wird auch sehr bald geistig begene=
riren.

Doch dieser Gegenstand führt mich zu weit —
auf ein Verderben, welches ich nicht hemmen kann,
und das die schon Entarteten nicht mehr sehen!
für diesmal komme ich darauf zurück, weil es mit
dem Factum übereinstimmt. Der Amerikaner er=
streckt seine Verehrung für Europa hauptsächlich
auf England und Frankreich — von Deutschland

weiß er wenig — nur wenn die Deutschen hieher
kommen, werden sie beachtet — seine Zeitungen
schweigen über Deutschland; und ist dieses zu ver-
wundern, da unsre eigenen es thun, und sich mit
Allem beschäftigen, ausgenommen mit dem, was
uns angeht!

Ich blieb fünf Tage in Saratoga, und diese
wären mir sehr lang geworden, hätte ich nicht
L...... und H...... getroffen. Die meisten Kurgäste halten sich des Tages über in den Gesell-
schaftszimmern mit Schönwetter-Gesprächen auf;
allein dieses ist ein etwas einseitiger Zeitvertreib
für Jemand, der nicht — verliebt ist. Wir machten
dagegen Ausfahrten in die Umgegend, welche nach
der Seite des Saratoga-Sees zu ziemlich hübsch
ausfielen. Verschiedene Male besuchten wir Ballston, wo die angenehme Familie H...... war. —
L...... und ich verspäteten uns eines Abends so
sehr daselbst, daß wir bei dunkler Mitternacht mit
unserm Cabriolet die sieben Meilen (zum Theil
Wald) zurückfahren mußten. Es war so kalt, daß
wir wollene Decken leihen mußten, uns zu be-

decken, obgleich es den Tag über sehr heiß ge=
wesen war. Ballston ist viel angenehmer gelegen
als Saratoga, allein das Wasser soll nicht so
reichhaltig seyn. Es hat auch den Vorzug, daß
die Masse nicht hingeht. In Saratoga, wo **2000**
Kurgäste waren, war man so unbequem wie
möglich. Bei Tische kam der Einzelne schlimm
weg. Es scheint, als wenn die Leute hier zu=
sammen kommen, um in die Wette zu essen. Die
Damen und deren Begleiter setzen sich natürlich
zuerst. — Erstere essen fast nichts und sind auch
gehörig schmächtig. Die Männer fallen über die
Schüsseln her und schlingen halbgekochtes Fleisch
hinunter und bekommen in einem gewissen Alter
die Despepsy. Ich habe in Saratoga nie das
Glück gekannt, satt zu werden, obgleich ich alle
Gasthäuser versucht habe. Die Aufwärter sind so
ungeschliffen, daß man sich scheut, etwas zu for=
dern. Zu alle dem Leiden muß man noch gute
Miene machen, indem man ewig in Gesellschaft
ist. Abends versammelt sich die Gesellschaft in
einem der vier Hôtels. In einem Zimmer ist

Paukenlärm und Tanz; in einem andern sitzt ein junges Wunder am Pianoforte und eine horchende Gesellschaft an den Wänden herum — forschende Mama's, gepußte Mädchen und Männer mit vornehmen Gesichtern. Diese Leute kennen sich einander nicht und dürfen auch kein Wort zusammen sprechen, weil sie nicht einander vorgestellt worden sind. Saratoga ist ein Ort zu zwei Zwecken, wie Cheltenham, — der Eine ist die Heilquelle, und außerdem sieht man hier die Blüthen des Landes ihren Preis suchen. Ist sie nun **a fortune or a beauty**, so zieht sie des Morgens mit großer Mannschaft durch den Sand und befindet sich des Abends im Gedränge. Die jungen Männer haben hier ihr bestes Zeug an. Hie und da kommt Einer **to cut a dash**, d. h. er spannt zwei Klepper vor seinen Gig und fährt **tandem**.

Am 11. August setzte ich meine Reise in Gesellschaft meines Freundes L...... fort. Herr von B..... und Herr C. W..... fuhren bis Schenectady mit uns. Wir fuhren durch Ballston und nahmen Abschied von der Familie H......

Der Weg war anfangs nicht unterhaltend. Um
Mittag erreichten wir Schenectady, eine Stadt,
welche an dem großen Canal gelegen ist, und
12,000 Einwohner zählt. Die Straßen sind
gerade und eng. Die Häuser tragen nicht den
Stempel der Neuheit, indem sie vor hundert
Jahren zum Theil von den Holländern erbaut
wurden. Wir erhielten ein sehr gutes Mittags-
essen im City-Hôtel. Nach Tische trennte sich
unsere Gesellschaft.

L..... und ich mietheten einen Wagen und
fuhren nach dem 15 Meilen entfernten Orte Neu-
Amsterdam. Der Weg ging über den geebneten
Rand des großen Canals. Das Land, wodurch
wir fuhren, glich einem großen Garten. Der Fluß
Mohawk schlängelte sich hindurch und bildete viele
Inseln mit frischem Grün bedeckt. Zahlreiche
Trauerweiden wuchsen an den Ufern. Dazu kam
noch ein herrlicher Sonnenuntergang, das Glück
vollkommen zu machen. Leider können die Sterb-
lichen dieses aber nur ahnen, nicht genießen. In
Schenectady hatte ich einen Brief bekommen,

womit mir der traurige Auftrag wurde, meinen
Freund mit dem Tode seiner Mutter bekannt zu
machen. Ich hatte ihm gesagt, daß sie krank sey,
und der ganze Reiz dieser schönen Gegend ging
stumm an ihm vorüber. — Ich hätte gern das
Schlimmste verschwiegen, allein ich mußte ihm
einen Brief behändigen. Ich that dieses, als wir
zur Ruhe gehen wollten. Als er das schwarze
Siegel sah, fiel er schluchzend auf sein Bett. Ich
verließ ihn, so leid er mir auch that, weil in
solchen Fällen die Einsamkeit am wohlthätigsten
ist. Wir hatten eine traurige Reise. Alles ging
für ihn dabei verloren, und für mich seine Gesellschaft und seine Kenntnisse. Die Gegend brei-
tete am folgenden Tage ihren Zauber aus, und
ich hätte unter andern Umständen großen Vortheil
von L....s künstlerischem Auge ziehen können.
Dieses Land ist von fleißigen Menschen bewohnt;
man erkennt noch die Nettigkeit der holländischen
Vorältern. Der Canal und die Landstraße ziehen
sich durch das Thal, welches der Mohawk durch-
fließt. Der Fluß schlängelt sich bald hier bald

dort, und verwandelt sich abwechselnd in Seen
und Wasserfälle. Der Canal in seinem beharr=
lichen Lauf kreuzt ihn auf Aquabucten, und er=
hebt sich oft durch Schleusen und Berge, indem
der Fluß in der Tiefe durch Felsen strömt. Bei
alle dem ist die Landschaft nicht wild, sondern
freundlich. Der Ackerbau dehnt sich aus, so weit
das Auge reicht und oft bis zu den Gipfeln der
Berge. Die Wohnungen hören gar nicht auf und
bezeugen durch ihren Wohlstand die große Frucht=
barkeit des Bodens. Die Bewohner bestätigen
dieses durch ihr Aussehen, es ist ein recht kräftiger
Menschenschlag, mit häufig angenehmen Erschei=
nungen.

Die Bücher, wonach man hier gewöhnlich
reis't (wie z. B. the northern tourist) sind sehr
unvollkommen, und für Leute gemacht, welche in
einer öffentlichen Kutsche durch das Land poltern.
L....'s Schmerz war die Ursache, daß wir einen
Wagen mietheten, und wie die Noth oft die
Mutter der Erfindungen ist, so fiel ich, ohne das
Verdienst davon zu haben, auf die rechte Art,

dieses Land zu sehen. Es gehen täglich Canalböte
und Stages ab, aber gewiß, wer nicht wie wir,
sich vier Tage dazu nimmt, von Schenectady bis
Utica zu kommen — verliert ein Vergnügen. Dieses
Land wird vor lauter Bereisen nicht gesehen. Wir
waren nicht so dumm vor Tage aufzustehen, noch
in Eile und Confusion nach einem unbekannten
Ziele zu jagen, sondern fanden aus, daß man sich
die Zeit nehmen kann. Der Wagen kostete uns
vier Dollars per Tag, und es ließen sich 40 bis
50 Meilen damit täglich zurücklegen. Dazu konnten
wir speisen und schlafen, wo wir die Bequemlich=
keiten gut fanden. Diese muß ich rühmen, und
sogar erwähnen, daß wir in den Wirthshäusern
dieser kleinen Städte Bequemlichkeiten fanden,
welche man nicht in den großen Städten der
Seeküste findet, wie gemalte oder tapezirte Wände,
gepolsterte Stühle und Canapees. Die Tafel war
zu unserer Zufriedenheit besetzt und über unsere
Erwartung. Es war eine Ueberraschung für
mich, im Innern dieses Landes so viel Cultur
zu finden.

Ich will meine Erzählung nicht mit Einzelnheiten überladen, sondern die Gegend bis Utica für schön erklären, ohne Ausnahme und Unterbrechung. Das ganze Land glich einem Garten, worin hie und da ein freundliches Städtchen steht. Am zweiten Tage unserer Fahrt aßen wir in Pallestine zu Mittag und erreichten am Nachmittag Little=Falls, eine kleine Stadt, welche ein paar Worte mehr verdient. — Ehe wir dieselbe erreichten, sahen wir in eine tiefe Bergschlucht Fluß, Canal und Landstraße verschwinden. Näher gekommen, erstaunt man, wie das Pulver und der Meißel Raum für alle drei gewonnen hat. Felsenklüfte dehnen sich über die Tiefe. Ein tiefes Echo und das Halbdunkel der Bäume giebt der Landschaft einen mehr als romantischen, fast schauerlichen Ausdruck. Fluß, Canal und Weg winden sich eine halbe Meile durch dies enge Thal, welches sich dann ganz plötzlich erweitert, um der Stadt Little=Falls Raum zu geben. Der Fluß fällt bei dieser Stadt in die Tiefe und der Canal behauptet sein Niveau, durch die Felsen

gehauen. Das rege Treiben dieses Ortes bildet
einen angenehmen Contrast zu der Bergschlucht,
worin derselbe steht. Es sind hier schon **1800** Einwohner und an allen Enden wird gebaut. Es
giebt einige recht nette Anlagen und Besitzungen
wohlhabender Leute im Orte. Das Wirthshaus
ist sehr gut. Der Canal läuft hier wieder über
den Fluß auf einem Aquaduct aus Quaderstein
gebaut. Da ich L..... nicht aus seinem Trübsinn
reißen konnte, so entdeckte ich für mich allein rei-
zende Spaziergänge. Ich glaube, ich hätte mich
Tagelang auf das Angenehmste so beschäftigen
können. Sehr ermüdet nahm ich nach Sonnenuntergang mein Abendessen ein und machte bei
dunkler Nacht noch einen Spaziergang, wobei das
Rauschen des Wassers und die Lichter der abhängig
liegenden Stadt von eigner Wirkung waren. Am
folgenden Tage erreichten wir Utica, eine blühende
Handelsstadt von **20,000** Einwohnern. — Die
Straßen sind breit, gerade, mit schönen Trottoirs
versehen. Die Häuser sind größtentheils sehr ge-
schmackvoll. Die Hauptstraßen sind lebhaft und

enthalten viele Banken, Gasthöfe und Läden. Ich hatte gehofft, im Innern des Landes nicht so viele Lotterie-Comptoire als in den Seehäfen zu finden, aber es sind ihrer hier eher mehr als weniger. Ueberall in Amerika habe ich die Lotterien sehr im Flor gefunden. In allen Städten dieses Landes bemerkt man des Nachts diese und die Apotheken stets erleuchtet. Der Amerikaner ist von Haus aus ein Speculant und liebt sehr die Lotterie, und obgleich sonst vernünftig, bildet er sich ein, besondere Begünstigungen vor andern Menschen zu erlangen; denn durch diese Ansicht nur bestehen die Lotterien.

In Utica halten sich beständig viele Fremde auf, zum Theil in Geschäften, zum Theil aus Vergnügen. Man kann hier einen Abstecher nach den Wasserfällen von Trenton machen, welche 14 Meilen von hier entfernt sind. Diese sollen sehr hübsch seyn. — Da ich aber das non plus ultra aller Wasserfälle zu sehen reis'te, so ließ ich mir die Trenton-Falls entschlüpfen. — Ich mußte meine Reise allein fortsetzen, denn mein Gefährte erklärte mir, daß in seiner Stimmung Reisen eine Last sey, er wolle in Utica bleiben, oder nach New-York gehen, „um seine Mutter zu beweinen." Ich stellte ihm vor, wie der Anblick der Natur seinen Schmerz wohlthätig lindern würde, verglich ihn mit dem Catholiken, der, um zu beten, eine Kirche suchte, und sagte ihm, daß ich die großen Naturscenen zu frommen Betrachtungen geeigneter hielt, als New-York. „Das würde mich zerstreuen," erwiederte er, „und das betrachte ich als Entweihung." Ich mußte ihn seinem Schmerz über-lassen.

Es befindet sich in Utica eine hydraulische Waage. Pfiffig, wie die Amerikaner sind, haben sie gesucht, am Canalzoll zu sparen, indem sie recht viele Güter in ein Boot laden. Die Schleu-sen schreiben ihnen die Breite und Länge der Fahrzeuge vor, allein die Tiefe nicht. Damit nun kein Schiff so tief im Wasser liege, daß es das Wasser des Canals über den Rand drängt, hat man eine Waage erfunden, worauf man das ganze beladene Schiff wägt. Das Schiff wird in

ein Bassin (**Dock**) gezogen. Dieses wird ge-
schlossen und das Wasser abgelassen, welches leicht
angeht, indem der Canal hier **20** Fuß höher ist
als das Land. Das Schiff setzt sich in die Waage.
Da das Gewicht so groß ist, so hat man dasselbe,
durch die Verlängerung des Waagebalkens, an
der einen Seite centimirt. Die Waagschale, worin
das Schiff steht, ist oben in eine eiserne Walze
vereinigt, die Achse dieser Walze bildet den Waage-
staken und die daran befestigte Stange die Hälfte
des Waagebalkens, dessen Ende in ein Zimmer
geht, wo man die Gewichte aufsetzt. Nach dem
Gesetz des Hebels wiegt hier **1** dort **100** Pfund
auf, und ein Canalboot von **5** bis **10** Last wird
ohne Mühe gehoben.

Nachdem ich einen Tag mit meinem Freunde
in Utica zugebracht und vergeblich versucht hatte,
ihn zu trösten, setzte ich am **14.** August meine
Reise allein fort. Ich nahm meinen Platz in der
Stage nach Auborn und überzeugte mich von den
Vortheilen meiner vorigen Reiseart. Ein rechtlicher
Mensch wird bald nicht mehr in diesem Lande

mit öffentlichen Gelegenheiten reisen können. Man wird mit dem schlechtesten Stoff amalgamirt, und entweder leidet das ästhetische Gefühl, oder es sinkt herab zu dem Niveau des großen Haufens, so wie die Rechte der Persönlichkeit. Kaum hatte ich meinen Platz genommen, „so rasselte es mit Ketten schwer," und ein mit Fesseln beladener Verbrecher half sich mit Mühe zu uns hinein. Ein dicker Gefangenenwärter folgte ihm und setzte sich auf den Rücksitz, indem er dem Züchtling den neben mir frei gewordenen Platz anwies. — Ich hatte wirklich Zeit nöthig, um mich von meinem Erstaunen zu erholen, verließ alsdann den Wagen und setzte mich zu dem Kutscher auf den Bock.

Es war als sollte aller Reiz und jede Illusion mit einem Male aufhören. Die Gegend besaß keinen Zauber mehr, die Natur ging in's Wilde; wir gelangten in die Urwälder. Wer den angenehmen Eindruck seiner Reise behalten will, thut wohl, nicht weiter als bis Utica zu gehen, und sich mit einem Abstecher nach den Trenton-Falls zu begnügen. — Wildniß, nichts als rauhe Wildniß war das Land zwischen den Oertern von nun an. Wir kamen an ein indianisches Dorf. Elende Hütten, aus Baumstämmen erbaut und mit Lehm beschmiert, bilden die Wohnungen dieser Wilden, welche an ausgehauenen Stellen des Waldes stehen. Menschen, mit brauner Farbe, schwarzem, schlechtem Haar, blassen Lippen und Wangen, breiten Nasen, kleinen Augen und thierischen Zügen sieht man am Wege. Die Kleidung dieser Wesen ist zerlumpt und schmutzig. Die Weiber tragen Beinkleider. Die Männer sind mit einer Flinte und einem langen Messer bewaffnet. Sind dies die Nachkommen von Metamora? Oder hat der Branntwein sie entartet? Wo bleiben die Ideale von Cooper? Sind diese elenden Geschöpfe die hochbegabten Naturkinder, für welche der amerikanische Dichter sich bemüht, so großes Interesse zu erregen?

„Und das Schöne blüht nur im Gesang,"
und hier wahrhaftig nicht in der Prosa und Wirklichkeit.

Einzelne Lichtstellen im Walde ließen mich von einer Erhöhung in die Ferne sehen. Nichts wie Wald und Wald über Berg und Thal. Endlich trafen wir den großen Canal wieder und einige Spuren von Cultur wurden sichtbar. Derselbe macht einen Umweg, soll aber durch eine angenehme Gegend laufen. — In **Fayette ville** hielten wir zum Essen. Der dicke Zuchtmeister führte das Wort und das Messer mit liebenswürdiger Unbefangenheit. Nach geschehener Fütterung deutete mir der Kutscher an, ich müsse nun in den Wagen. Viel lieber hätte ich fortgefahren, auf dem Bock zu schweben, trotz der Stöße, die mich verhinderten, das Gesetz der Schwerkraft zu behaupten. Der Kutscher hatte den Platz aber verkauft, und ich mußte mich zu der Gesellschaft der Diebe gesellen. Der dicke Zuchtmeister hatte wiederum den Rücksitz und ließ den Uebrigen das Vergnügen, sich darum zu complimentiren, wer bei seinem Züchtling sitzen sollte. Da ich am wenigsten die Fertigkeit des Zudrängens besaß, so traf mich diese Auszeichnung. Dieses kam davon,

weil dieſer Platz der unbequemſte war. — Gegen
die Gemeinſchaft mit dieſem Individuum ſchienen
ſie nichts zu haben, denn daſſelbe nahm nach
Belieben Antheil an der Unterhaltung. Der Verbrecher klagte über die Unbequemlichkeit ſeiner
Feſſeln und die Uebrigen lachten. — Wie kann
ein Menſch ein Gefühl für Ehre behalten, bei
dem die Gleichheit zu einem ſolchen Extrem getrieben wird. Ich glaube, der leidenſchaftlichſte
Vertheidiger des Republikanismus wird hier ein-
geſtehen, daß dieſer Zuſtand der Dinge gegen das
ſittliche Gefühl ſtreitet.

Meine Reiſegeſellſchaft ſetzte ſich über die
Aeußerlichkeiten weg und wahrſcheinlich beſtand
aller Unterſchied unter ihnen nur darin, daß der
eine Schurke ausgefunden war und die Uebrigen
nicht.

Erſt um 9 Uhr Abends erreichte die Stage
die Stadt Auborn, nachdem ſie bei der Finſterniß
auf einem abſchüſſigen Weg einen Gig überge-
fahren hatte. Hemmſchuhe hat man hier nicht.
Wir ſahen das Fuhrwerk zuſammenbrechen, er-

hielten aber keine Kenntniß von dem Weiteren,
sondern rasselten mit großer Schnelle fort.

In dem Orte steht ein schönes Wirthshaus,
welches von dem Herrn David P..... erbaut
worden ist. Ich fühlte wie ein Mensch, der auf
dem St. Gotthards=Gebirge erfroren ist und zu=
fällig in das Hospitium geräth. Dieses Wirths=
haus ist eine Oase in der Wüste. Ich segnete
den menschenfreundlichen Erbauer, den gefälligen
Wirth und seinen guten Koch.

Am nächsten Tage war es Sonntag. Das
Geläute der Glocken weckte mich. Die Sonne
schien freundlich in mein Fenster. Ich hatte die
Aussicht auf einen Theil des Ortes. Derselbe ist
hübsch wie sein Name. Ich stieg auf das Bel=
vedere des Hauses, und genoß einer schönen Aus=
sicht. Der Ort hat drei Kirchen, ist regelmäßig
gebaut, mit manchen hübschen Häusern geziert,
und liegt in einer fruchtbaren Gegend, welche sich
nach dem nahen Owasco=See erstreckt. Erst am
Nachmittage fand ich einen Platz in einer Stage.
Da es Sonntag war, so waren drei frühere

Stages ganz voll. — Die Gegend, durch welche
wir fuhren, hatte weniger Spuren vom Urwald,
als die gestrige. — Viele kleine Orte mit großen
Namen (größtentheils aus dem Alterthume ent=
lehnt) standen am Wege. Hinter Waterloo erin=
nerte mich die Gegend an manche Gegend in
Deutschland, schöner Eichenwuchs und ebener Bo=
den. In den meisten Orten bemerkte ich eine
Anzahl Apfelbäume, die zum Brechen voll waren.
Die Oerter glichen sich alle. Häuser mit hellen
Farben bemalt, Gallerien von Holz vorne, und
häufige Inschriften. Holz ist das Hauptmaterial.
Die meisten Kirchen sind davon erbaut. — Die
Leute sind hier große Freunde von Säulen, welche
sie in so vielerlei Ordnungen zusammenstellen, daß
eine große Unordnung daraus entsteht. Man freut
sich über die Nettigkeit der Wohnungen; der Bau=
art aber fehlt der Sinn. — Wer gewohnt ist in
alten Ländern Kirchen im gothischen oder italieni=
schen Styl zu sehen, findet hier frappante Wider=
sprüche zwischen den Zweck eines Gebäudes und
seiner Bauart. Bei Kirchen ist hier nichts häufiger,

als ein Portal von corinthischen Säulen, wie in
Europa zu Schauspielhäusern genommen wird. —
Es fehlt hier gar nicht an Religion, denn jeder
kleine Ort hat seine Kirche. In den meisten Orten
findet man auch ein Lotterie-Bureau und eine
Zeitungs-Druckerei.

Der erste bedeutende Ort nach Utica war
Genf, am Genfer-See gelegen. Wirklich ist dort
eine Idee des schweizerischen Genf vorhanden,
wegen der abhängigen Lage an dem See. Auf
demselben fährt ein Dampfschiff täglich nach der
Stadt Dresden. Genf besitzt eine Wasserverbin-
dung mit dem großen Canal durch den Seneca-
Fluß. Der Ort ist wohlhabend, gut gebaut, und
besteht in der oberen und unteren Stadt. Die
Stages fahren hier sehr schlecht auf schlechten
Wegen. Es war schon Nacht, als wir die Stadt
Canadagua erreichten. Dieselbe liegt an einem
Landsee, welcher denselben Namen führt. Es giebt
in dieser Nachbarschaft Quellen von natürlichem
Gas, welches brennt; bei starkem Frostwetter soll
der Schnee Leuchter dazu bilden. — Der Boden

ist sehr fruchtbar. — Das Wirthshaus war schlecht.

Am nächsten Morgen hatte ich das Glück, einige Leute zu finden, welche eine ganze Stage gemiethet hatten, worin sie mir einen Platz anboten. — Es ist die gewöhnliche Art für honette Familien, auf Reisen eine Stage zu miethen, und die Gesellschaft auszusuchen. Extraposten giebt es in Amerika noch nicht. — Die Familie war am Abend vorher etwas nach mir in Canadagua angekommen. In meiner Unwissenheit fragte ich den Schenkmeister, warum man mich mit so vielen Menschen in eine schlechte Stage gepackt habe, während die andern Stages überflüßig Raum hätten, worauf er mir mit einem bedeutenden Blicke erwiederte: „because Sir, that stage is an exclusive extra." Am nächsten Morgen hatte ich also die unbeschreibliche Ehre, exclusive extra mit zu seyn; diese traf noch zwei Andere, weil die Kutsche neun Plätze hatte. Dieser Umstand verschaffte mir in meinen beiden Mitauserwählten die Bekanntschaft des Herrn B...., eines fran=

zöfifchen Kaufmannes von Savannah, und des
Herrn Wm. B...., eines Advocaten aus Mont=
real, deren Namen ich mit Dankbarkeit und Ver=
gnügen aufzeichne. — Ich habe so eben den Aus=
druck Schenkmeifter gebraucht, und muß dabei
bemerken, daß diefes die freie Ueberfeßung der
amerikanifchen Bedeutung barkeeper ift. Der
Ausdruck Oberkellner in Deutfchland entfpricht
dem Amte, aber nicht der Stellung. Bei uns
kommt die Aufwartung zu uns, hier muß man
zu der Aufwartung kommen. Die Aufwartung
aber fteht im **Bar-room**, einem Orte, worin
Fremde empfangen und Getränke genommen wer=
den, welcher fich in jedem Gafthaufe neben der
Hausthüre befindet. Dafelbft bringen die Landes=
kinder viele Zeit zu. Der **barkeeper** hat hier
eine Einrichtung zum Schreiben und Punfchmachen,
und hört die Anliegen der Fremden an. Er hat
die Auffficht über die **niggars** (fchwarze Dome=
ftiquen) und ftreicht die Zeche ein. Der Schenk=
meifter empfängt kein Trinkgeld; auch ift es nicht
Gebrauch, den Schwarzen für gewöhnliche Dienft=

leistungen etwas zu geben. Der Vortheil dieser Einrichtung ist nicht ganz so groß, wie er zu seyn scheint, denn die Aufwartung geschieht wie um Gotteswillen, und man merkt es an dem Satt=werden, daß es gut ist, einem Bedienten eine Auf=munterung zu geben.

Herr B..., ein schöner, ernsthafter Mann, Herr B—, ein lustiger und gentiler Franzose, und ich, wir gebrauchten gar nicht lange Zeit, um unsere Wißbegierde an der New=Yorker Familie, welche uns eingeladen hatte, zu befriedigen, und die Unterhaltung wurde bald separat auf fran=zösisch fortgesetzt. Wir erreichten Rochester um Mittag. Hier trennten wir uns schon von der Familie, weil dieselbe zu eilig reis'te, und wir den Ort zu sehen wünschten. Wir fanden ein sehr gutes Unterkommen im Adler (**Eagle**). — Nach Tische gingen wir zuerst nach den nahe bei der Stadt gelegenen Wasserfällen des Genes=Sees, welcher sich einige Meilen weiter in den Ontario ergießt. . Der Hauptfall ist **90** Fuß hoch, und weiter fort sind drei kleine Cascaden, welche

malerischer sind. Ueber den wilden Strom fort
läuft der Erie=Canal auf einem schönen Aquaduct,
auf **9** Bogen ruhend, aus Quadersteinen gebaut.
Dieser schöne Stein von röthlicher Farbe wird
hier auch zur Erbauung von Wohnhäusern benützt,
so wie ein weißer Stein, womit oft die Einfassun=
gen gemacht sind. Die Stadt hat daher ein groß=
artiges Ansehen, welches noch durch eine rege Be=
völkerung vermehrt wird. — Es giebt hier sehr
schöne Läden, ein halbes Dutzend Kirchen, und
S bis **10,000** Einwohner. Die Stadt hat einen
bedeutenden Mehlhandel und ist ein angehendes
Manchester, indem man eine unerschöpfliche Wasser=
kraft zu Fabriken hier findet, wie man berechnet,
nicht weniger als **40,000** Pferde Kraft.

Am folgenden Morgen, Dienstag den **17.** Au=
gust setzten wir unsere Reise auf dem großen Erie=
Canal fort, welches mein Reisegefährte „sich en=
canailliren" nannte. Die Canalböte sind kleine
verdeckte Schiffe mit Fenstern und Bänken an
den Seiten. Ein einziger Raum dient zum Eß=
und Schlafzimmer, ein grüner Vorhang theilt

dasselbe für die Damen ab. Das Boot wird von
Pferden sehr langsam gezogen. Wenn aufgedeckt
wird oder man die Betten macht, muß die Ge=
sellschaft auf das Verdeck gehen. Kaum steht man
da, so ruft ein Mann „Brücke!" (a bridge) und
alle Personen fallen platt nieder oder werden von
der niedrigen Brücke über Bord geworfen. Diese
Unterbrechungen in der Conversation fallen alle
paar Minuten vor. Wer nicht daran gewöhnt ist,
denkt zuerst daran, eilig vom Verdeck zu steigen,
allein dazu ist nicht Zeit, und wenn man nicht
flink ist, giebt einem die Brücke einen nachdrück=
lichen Stoß. Ein Franzose steckte auf die War=
nung des Schiffers „look out!" seinen Kopf zum
Fenster hinaus und bekam einen Stoß; „ah
diable!" rief er, „why do you not say, look
in." Gebuldig wie das amerikanische Publikum
ist, nehmen sie dieses wie sie es finden, und loben
den großen Canal. — Einem Fremden kommt es
indessen komisch vor, wenn er wie das liebe Vieh
ein bei ein in die Kajüte passirt, und mit einer
hungrigen Horde über die Schüsseln herfällt, welche

vor ihn hingestellt werden, sobald der Aufwärter
mit der Schelle das Signal giebt; oder wenn er
Abends wiederum einpassirt und sich auf die zu=
sammengerückten Bänke und Bretter legt, in einer
langen Reihe, die Köpfe an der einen Seite und
die Füße, wie bei eingepackten Figuren, an der
andern Seite hervorstehend. Die Eingeborenen
thun dieses ohne Scheu, denn sie sind daran ge=
wöhnt und haben die glückliche Ueberzeugung, daß
ihr Land das beste sey. Was man nicht ändern
kann, darin muß man sich fügen; dieses dachte
ich, bis ich in der Mitte der Nacht in der fatalen
Schieblade erwachte, und die Luft so dumpfig
war, daß ich den aufrührerischen Gedanken faßte,
auf das Verdeck zu gehen; und in der That kam
ich glücklich über die Körper weg, welche bis zur
Thür lagen, und zog vor, ein Brückenverehrer zu
seyn, d. h., mich von Zeit zu Zeit vor denselben
auf das Angesicht zu werfen. Es war 1 Uhr.
Jetzt kam der bedeutende Augenblick des Schiffers
unserer Barke, den die Amerikaner Capitain
nannten. Er rief: „locks ready?" und das Boot

wurde in ein Gemäuer gezogen, welches hinter
ihm verschlossen wurde. Auf sein Commandowort
öffnete sich ein Wasserfall und hob das Boot zu
dem Niveau eines Behältnisses, in welches er es
abermals hineinziehen ließ. Diese Operation wurde
fünf Mal wiederholt, wodurch wir um 76 Fuß
höher schwammen. Dieses sind die Schleusen bei
dem Orte Lockport. Ich bedauerte sehr, daß es
finster war und konnte nur bei dem Schein einer
Leuchte die Granitwände sehen, an denen wir
emporstiegen. Dieser Ort ist merkwürdig, weil da=
selbst bei der Anlegung der Canal auf einen Fel=
senrücken, the ridge genannt, stieß, und es nöthig
war, ihn hinüber zu führen. Das Pulver und der
Meißel haben Mittel gefunden, dieses Hinderniß
zu besiegen. Der Canal nimmt hier seine letzte
und stärkste Erhöhung, gelangt zu dem Niveau
des Erie=Sees und ist nun 550 Fuß höher als
bei Albany, wo er anfängt. Die Strecke, welche
er bis hieher zurücklegt, ist 330 englische Meilen,
und 30 Meilen weiter vereinigt er sich bei der
Stadt Buffalo mit dem Erie=See. Der Ort, wo

die Stadt Lockport liegt, war vor **10** Jahren noch
Wald, jetzt sind **5000** Einwohner und allerlei
städtische Einrichtungen dort. Auf **3** Meilen lang
hat der Canal bei diesem Orte aus dem Felsen
gehauen werden müssen. Von den dabei gewonne-
nen Steinen ist die Stadt erbaut. Der ehemalige
Gouverneur des Staates von New=York, Herr
de Witt Clinton, ist der Mann, dem New=York
die Ausführung dieses großen Planes verdankt.
Das ganze Werk hat **3** Millionen Piaster gekostet,
und trägt jährlich eine halbe Million ein. Ich
wollte, ich könnte die ganze Arbeit loben, aber
leider ist sie an manchen Stellen so eilfertig gemacht daß das Wasser durchgebrochen ist und das
Land überschwemmt hat. Indessen bleibt es immer
ein großes Werk und ein Ehrendenkmal des Volkes, das es besitzt.

Von der Gegend, wodurch der Canal geht,
läßt sich nicht viel sagen. Er durchschneidet den
Urwald, welcher wahrscheinlich seit Erschaffung
der Welt unangetastet hier fortvegetirt hat. In
wenigen Jahren aber werden die Ufer ganz an-

gebauet seyn. Man haut das Holz nur allzurasch
ab und läßt gewöhnlich die Wurzeln in der Erde,
weil es zu viel Mühe macht, sie auszugraben.
Es ist Zeit, daß man in diesem bevölkerten Staate
ein ordentliches Forstwesen einführt, sonst wird die
Verschwendung des schönen Holzes sich bald durch
Mangel bestrafen. — In den Schlupfwinkeln des
Waldes bemerkte ich mancherlei Thiere, wie z. B.
Rehe, Adler, Bieber, Schildkröten und Schlangen.
Bei dem Orte Blackrock stößt der Canal auf den
Niagara=Fluß, mit dem er sich aber nicht ver-
einigt, sondern er geht 3 Meilen aufwärts und
mündet in Buffalo. Diese Stadt hat eine schöne
Lage und ist der natürliche Stapelplatz zwischen
Canal= und Seeschifffahrt. Es kam mir komisch
vor, in diesen friedlichen Binnenplätzen große See=
schiffe liegen zu sehen. Diesen Landsee befahren
Dreimaster, ja selbst Linienschiffe und Fregatten.
Es giebt allda Kriegshäfen und Handelsstädte,
eine Welt für sich, von der übrigen ausgeschlossen.
Die Stadt Buffalo hat breite Straßen und gute
Häuser. Sie ist so großartig wie Washington

angelegt, und wird auch wohl eben so unvollendet
bleiben, so blühend auch ihr Handel seyn mag.
Der Haupthandelszweig ist Getreide, welches von
der fruchtbaren Küste des Staates Ohio kommt,
hier ober in Rochester zu Mehl gemacht wird,
und alsdann auf dem großen Canal nach New-
York geht. Zuweilen geht es auch wohl auf dem
See weiter. Es ist hier einige Versuchung zum
Schmuggelhandel, und dieser dürfte auch wohl in
sofern, wie Gelegenheit Diebe macht, stattfinden.
Bekanntlich existirt in England das Gesetz, daß
Korn von Canada zollfrei eingeführt werden darf.
Kann nun Jonathans Korn den Canadiern vortrefflich zu Statten kommen, so kann John Bull
dagegen sich manche Fabrikate billig verschaffen,
welche der Zolltarif an dieser Seite des Sees
hinlänglich theuer macht. Während nun im Par-
lament und im Congreß sich die Köpfe erhitzen
über die gegenseitige Besteurung, leben hier die
beiden Nachbaren in der liebenswürdigsten Har-
monie. — Ein bedeutender Handelszweig Buffa-
los ist Pelzwerk, welches von den Ufern des

Huron= und Superior=Sees hieher gelangt. —
In Buffalo hatte ich dasselbe Schauspiel, welches
der Herzog von Sachsen=Weimar so wahr als
amüsant beschreibt; allein ich war schon mehr
daran gewöhnt, und hätte schon früher die unver=
gleichliche amerikanische Miliz beschreiben können.
— Ich kann sie nicht besser vergleichen, als mit
Knaben, welche Soldaten spielen, deren jeder sich
auf seine Art herausgemustert hat. Eine Anzahl
Neger handhaben Klopfinstrumente, wie Pauken,
Trommeln und Becken. Hinter ihnen her erschei=
nen einige Officiere in sehr grellen Farben, ver=
schiedene Fahnen und ein paar Dutzend Soldaten,
welche sich nach Kräften militairisch anziehen und
nach Gutdünken desertiren; ihre selbstgefälligen
Vorgesetzten bleiben oft allein auf dem Felde der
Ehre. Die Officiere, welche sehr oft Handwerker
sind, behalten ihre Titel für den Rest ihres
Lebens bei.

Nachdem wir im Adler sehr gut gespeis't hat=
ten, nahmen wir ein Boot, und auf der anderen
Seite des Niagara einen Wagen, um nach dem

größten aller Wasserfälle zu gelangen. — Wir
waren im Englischen. Auffallend ist der Unter=
schied der beiden Länder, deren Gränze diese Ufer
bilden. Ich fühlte mich wie in Europa. Ich
konnte mir einbilden, im Hannöverschen zu fahren;
die Bauerhäuser, die Schilder mit **Georg Rex,**
ja die deutsche Sprache der eingewanderten An=
bauer und die königliche Uniform, die ich gewohnt
war, dort zu sehen, riefen den heimathlichen Bo=
den zurück. Der Landmann stand am Wege in
seiner eigenthümlichen Tracht, seine Züge drückten
Zufriedenheit und Demuth aus; der Priester geht
nicht laut redend mit Laien einher, sondern allein,
in gemessenen Schritten, im Kleide seines Amtes;
der Gutsbesitzer reitet durch das Dorf und wird
aus jeder Thür höflich gegrüßt; hier wird die
menschliche Gesellschaft wieder in Classen abge=
theilt; Ordnung herrscht im Ganzen, Würde im
Einzelnen.

Canada hat eine constitutionell=monarchische
Verfassung, seinen Adel, Clerus und Bauernstand.
Die Gleichheit bleibt in den Gränzen des Nach=

barlandes; allein der Wohlstand nicht. Das Land,
wodurch wir fuhren, ist fruchtbar und angenehm.
Der Weg läuft neben dem Flusse. Ruhig rollt
er seine Massen vorwärts, ohne Anzeichen der
nahen Catastrophe. Eine Meile breit deckt seine
Silberfläche. Vier Meilen vor dem Fall erblickt
man Wolken, welche unaufhörlich in die Höhe
steigen; bald nachher unterscheidet man das Brau=
sen des Wassers, welches allmählich stärker wird.
Während der letzten Meile nimmt das Flußbett
eine schräge Linie, und die Fluthen fangen an,
sich rascher zu bewegen. Bald treten Felsen her=
vor und hemmen ihren Lauf. Immer heftiger
wird der Strom, immer tosender der Andrang an
die Felsen. Schäumend drängt er durch, und stürzt
dann brausend auf den äußersten Rand seiner
Sichtbarkeit, wo er mit einem Male 160 Fuß in
die Tiefe fällt. Wie bei einer Symphonie regen
die erst ruhigen Massen Töne auf, wachsen
im gewaltigen Sturm, und der Augenblick der
Vernichtung ist der Ruhepunkt, woraus sich dann
wieder die verlorene Melodie entwickelt. Das Auge

folgt unwillkürlich den Waſſern und findet erſt eine Pauſe an dem unvergleichlichen Platz, wo Forſyth's Hôtel gebaut iſt, denn dem Säulengange deſſelben grade gegenüber ſieht man den Augenblick, wo dem Rieſenelemente der Boden untreu wird. Hier war ich alſo am Fall des Niagara, dem größten Waſſerfalle in der Welt! Es war am Donnerſtag, den 19. Auguſt, ein paar Stunden vor Sonnenuntergang.

Niagara.

Bilder bleiben eitles Trachten,
Ewig bleibt die Scene groß;
Denn die beſten Meiſter machten
Dieſen Fall bewegungslos.

Wo von ſchroffen Felſenhöhen
Dieſer Fluß die Maſſen rollt,
Da wird innerlich beim Sehen
Höh'rer Macht Tribut gezollt.

Und erforſcheſt Du, was brauſend
Hier die Gottheit prophezeih't:
Von Jahrtauſend zu Jahrtauſend
Tönt es fort: „Unendlichkeit."

Wir fanden im Wirthshause ein bequemes
Unterkommen und eine zahlreiche Gesellschaft. —
Es waren Pilgrimme aus allen Gegenden, die
gewallfahrtet kamen zu diesem Wunder der Natur.
Gute Lese für die Wirthe, welche sich zu beiden
Ufern angesiedelt haben. Keiner hat einen bessern
Platz gewählt als der unsrige. Von der Piazza
seines Hauses übersieht man völlig die Landschaft
und selbst weit genug, um eine Vorstellung von
ihrer geographischen Lage zu fassen. Die ganze
Natur bietet an dieser merkwürdigen Stelle den
schönsten Contrast dar: an der einen Seite das
hohe Inland mit seinen ruhigen Seen, an der
andern das flache Küstenland, wodurch ein tosen=
der Strom fließt. In den offenen Gallerien des
obern Stockes stand ich gefesselt bis die Sonne
sank, eine Stunde war mir eine Minute, und ich
fühlte wie Fenelon als er den Telemachus schrieb,
der seinen Helden Alles bei dem Rauschen eines
Wasserfalles thun läßt — denn ich begriff klar,
daß man in der Gesellschaft der Sylphen ißt,
denkt und schläft' wie ein Held. Nachdem wir

hinlänglich ihrem somniforösen Einfluß gehuldigt, d. h. nachdem wir am nächsten Morgen lange geschlafen hatten, fingen wir unsere Untersuchungen an. Zuerst ließen wir uns überfahren und besahen uns das Ding von unten. Der kleine Nachen ging ziemlich nahe an die Schaumwolken, ohne übermäßig geschaukelt zu werden, weil er zu nahe war, um die Reaction des Wassers zu empfinden. Der Fall ist so heftig und das Wasser so tief, daß es erst drei Meilen von hier wieder aufsprudelt. Man sieht hier deutlich, wie seit Anbeginn der Welt der Fall immer weiter zurückgegangen ist, wie sich der Felsen abgenutzt und das Bette des Flusses ausgehöhlt hat. Die hohen Felsenwände zu beiden Seiten sind stehen geblieben und bilden ein tiefes steinernes Bassin. Durch eine Wendeltreppe und etliche Hundert Stufen stiegen wir in den Vereinigten Staaten (d. h. am andern Ufer) wieder auf die Erde. Hier gingen wir durch das Dorf Niagara.

Ich muß nun auf die letzte Nummer meines Journals zurückkommen. Darauf steht verzeichnet,

ein Eiland in der Mitte des Stromes gelegen.
Selbiges wurde in der Sprache der Ureinwohner
dieses Landes „die Insel des großen Geistes" ge=
nannt. Die Mythen der Indianer gleichen den=
jenigen der Teutonen, Eichenwälder waren der
Gottheit geweiht, deren Nähe das Halbdunkel
ahnen, nie aber schauen ließ. Kein Platz schien
den Kindern der Natur unzerstörbarer und wür=
diger der Wohnsitz des großen Geistes zu seyn,
als der hohe Hain, dessen Boden nie ein sterb=
licher Fuß betreten hatte, und dessen Ufer durch
den Sturz des Flusses selbst für den Verwegen=
sten unlandbar blieben. Was aber dem vermesse=
nen Kanoe des Huronen nie gelang, mußte dem
Witze der Yankees weichen. Durch den tosenden
Andrang der Wellen, über die brandenden Felsen
erhebt sich ein Gebälk und eine Brücke, und auf
der Insel des großen Geistes wohnen ein Schenk=
wirth und ein Müller, welche in dem heiligen
Haine Ziegen weiden lassen, die den großen Geist
verdrängt haben, so daß hier jetzt nur noch eine
Ziegen=Insel (goat island) liegt. Von der britti=

schen Seite hat man den Strom nicht unterjochen
können, und deswegen gehört die Insel zu den
Vereinigten Staaten. Es ist jedoch auf diese Seite
hinaus eine Stellage angebracht, deren Errichtung
nicht minder schwierig und noch kühner ist als die
Brücke. Die Stützen dieses Balkons sind **70 Fuß**
hoch und leiten in die Schaumwolken hinein,
welche sich durch den Fall bilden. Man steht am
Ende recht vor dem Fall und wird von seinem
Wasser besprützt. Diese Stellung greift die Nerven
an, denn es scheint, als ob der Wassersturz gleich
das luftige Gezimmer fortreißen wolle. Hat man
sich nur etwas an das Toben gewöhnt, so wird
die Aufmerksamkeit durch die schönen Regenbogen
gefesselt, welche die Sonne in allen Richtungen
spielt.

Von diesem Punkte versuchte ein eitler Künst-
ler den Fall des Niagara nachzubilden, und um
Seinethalben wurde dieses, wie auch ein kleineres
Gestell daneben errichtet — aber der Zauber des
Pinsels wird zu Nichte an dem Wasserfall, weil
der Reiz desselben in seiner Bewegung besteht.

Diese Scene ist so ungewöhnlich, daß man Mühe hat mit seinen Empfindungen in's Klare zu kommen, und von allen Erwägungen ist vielleicht die am eindruckvollsten, welche man von dem Quantum Wasser macht, das hier ohne Aufhören seit etwa Sechstausend Jahren herabgestürzt seyn muß. — — Es blieb uns, um den Wasserfall mit allen Proposftionen zusammen zu setzen, die dieser Fall regiert, nur noch das unter übrig und diese mußte am Nachmittage vorgenommen werden.

Diese Wagehals=Idee ist von einem Führer aufgefunden, der sich den Enthusiasmus einiger jungen Leute zu Nutze macht. Unser Reisegefährte, der Franzose, schlug sie vor, und war auch derjenige, der zuerst ausfand, daß es eine bêtise sey. Ich sah dieses voraus, allein wie man denn ist, wenn drei junge Männer von verschiedenen Nationen zusammen kommen, so unangenehm und nutzlos die Parthie war, so rasch wurde sie mitgemacht. Eine Wendeltreppe führte uns bis an den Fuß des Falls. Hier wurden sämmtliche Kleidungsstücke abgelegt. Ein Beinkleid und Rock

von Wachstuch wurden angethan, und nun ging
es in die grauen Wolken hinein. Mit der Wei=
sung: „die rechte Hand an den Felsen, die linke
vor den Mund," gingen wir dem Führer nach. —
Glitschte der Fuß auf den glatten Felsen aus, so
ging es in den nassen Tod — hielt man die
Hand vom Munde, so erstickte der Andrang des
Wassers — ließ man die Mauer los, so verlor
man sein Gleichgewicht — und unter diesen jäm=
merlichen Bedingungen drangen wir vor, bis zum
terminations rock. Sehen und Hören war außer
Frage, und die einzige Gratification, die wir hat=
ten, war, zu wissen, daß wir unter dem Fall des
Niagara standen. Nach diesem sehr kalten Bade
bekamen wir sämmtlich von unserm Führer ein
schriftliches Diplom unserer Tapferkeit, und tran=
ken ein Glas Grog, um uns nicht zu erkälten.

Am **19.** August, Donnerstag Abend, verließ
ich die angenehme Gesellschaft des Herrn B....
und fuhr in der des Herrn B...r nach Queens=
town. — Es war eine ziemlich nächtliche Fahrt,
und unternommen um eine Postkutsche zu treffen.

Wir fuhren über das Schlachtfeld und bemerkten die Ehrensäule des General Brock, der hier die Amerikaner auf's Haupt schlug. Der Weg geht am linken Ufer des Niagara fort, den man fortwährend rauschen hört. Die Gegend soll hier hübsch seyn. — In Queensburg kamen wir um Mitternacht an die Fähre. Wir mußten den Bootsmann wecken, und ihm einen Dollar für das Uebersetzen bezahlen. Am andern Ufer befanden wir uns in einer fatalen Lage. Der Mann setzte unser Gepäck an das Land und sagte uns, zwei Meilen weiter sey der Ort, wohin wir gehen müßten. Da standen wir nun in dunkler Nacht! Wir beschlossen, daß ich recognosciren sollte, während mein Gefährte beim Gepäck blieb. Nicht weit hatte ich zu gehen, als ich eine Wohnung entdeckte. Ich weckte. Kein Mann war zu haben, und Alles, was ich erlangen konnte, war die Erlaubniß, unsere Sachen hier unter Obhut zu bringen. Nachdem wir dieses mit Anstrengung verrichtet, begaben wir uns getrost auf die Wanderung in die Richtung des Ortes, Lewistown

genannt. Wir waren so glücklich, denselben zu
finden; im Wirthshause fanden wir den Stiefel=
putzer noch beschäftigt. Dieser wies uns gute
Betten an.

Am folgenden Morgen holten wir unser Ge=
päck ab und fuhren nach Rochester. Der Weg
ist gut, und läuft auf einem natürlichen Felsen=
damm fort, „the ridge“ genannt. Wir nahmen
diese Route um Freund L.... in Utica abzuholen,
und beabsichtigten den Erie=See zu befahren. —
Wir erfuhren, daß man uns betrogen habe, daß
kein Dampfschiff abgehe. — So geht es hier im
Lande, um einen Dollar zu bekommen, hätte die
Stage uns, Gott weiß wohin, gefahren. — Wir
mußten also zu Lande weiter. Wir fuhren am
folgenden Tage bis Geneva. In der Kutsche fuhr
ein merkwürdiger Mann mit uns, der General
de Holstein, einer von Napoleons Feldherrn, wel=
cher unzufrieden mit Europa sich als Schulmeister
hier sein Brod verdient, und in Geneva recht an=
genehm wohnt. Er unterhielt uns sehr lebhaft
mit Anecdoten aus der **vie privée** des großen

Kaisers. Zuletzt hatte er die Columbianer ange=
führt und sie wiederum ihn, darum war er gar
nicht gut auf Bolivar zu sprechen.

Am folgenden Morgen (Sonntag) nahmen
wir die Stage nach Syracus, wo wir gegen
Abend anlangten. Der Weg ist durch den Urwald
gehauen und einförmig. Es liegen am Salzigen
See (salt-lake) drei kleine Städte in kurzer Ent=
fernung, Liverpool, Syracus und Salina. Sie
gruppiren sich artig über einer Anhöhe und sind
einander so nahe, daß sie in Zukunft eine Stadt
bilden werden. Ich schließe dieses aus den localen
Vortheilen dieser Stelle, denn es kreuzt sich hier
der große Canal mit einem andern, welcher grade
nördlich nach Oswego am Ontario geht. Das
Erdreich wirft hier Salzquellen in großer Menge
aus. Nicht auf Grabierhäusern von Dornensträu=
chen erbaut, bringt man die Sode, sondern man
leitet sie in hölzerne Pfannen, worin die Sonne
sie ohne Mühe trocknet. Diese Pfannen stehen
auf 6 Fuß hohen Pfählen und haben jede ein
Schiebdach, welches beim Kochen übergezogen

wird. In der Entfernung erscheinen sie wie Häuser, und man glaubt eine große Vorstadt zu sehen. Das Salzmachen hat die Regierung hier verpachtet und bekommt 12½ Centner für jedes Bushell das gewonnen wird. Da das Salz sich aber zu 25 Cent verkauft, so profitirt der Pächter noch sehr hübsch dabei. Das Netto-Einkommen der Regierung der Vereinigten Staaten beträgt dabei über 200,000 Dollars jährlich. Ich glaube, wenn man in Cadix diese Art, Salz zu gewinnen, anwendete, so würde das Salz mehr wie 7 Cent per Bushell dort bringen. Das Cadixer Salz wird in Gruben von der Sonne getrocknet und nicht wie hier mit frischer Sode begossen, deswegen ist es schwach. Das erhöhte Wasser des Canals gestattet in Syracus Wassermühlen anzulegen, womit das Salz fein gemahlen wird.

Am Montag Morgen verließen wir Syracus mit dem Canalboot, welches nach Oswego fuhr. Der Canal läuft über die Anhöhe fort, welche hart am Salzigen See liegt. Sein Niveau wird durch Schleusen so hoch getrieben, daß wir aus

den Fenstern unseres Boots einer sehr weiten Aus=
sicht über die Ufer des Sees genossen. Wir be=
merkten am Rande des Canals häufig Schlangen,
welche sich sonnten und von denen der Schiffer
mehrere schoß. Es war unerträglich heiß. — Der
Oswego=Fluß ist theilweise zur Schifffahrt benutzt,
wo er aber anfängt zu fallen (**Rapids**), findet
man den Canal wieder. Gegen Abend verkün=
deten uns die Schleusen und das Herabgehen
darin die Annäherung des See=Ufers.

Oswego ist eine kleine blühende Handelsstadt
mit einem guten Hafen und einem Leuchtthurm
am Erie=See. Man hat sich hier das unschuldige
Vergnügen gemacht, eine Stadt für mehr als
100,000 Seelen anzulegen, und einen schönen
Plan, wie sie künftig aussehen kann, in Kupfer
zu stechen, welchen man in allen Häusern findet.
Im Postamt fand ich einen Brief meines Freun=
des L..., worin er mir schrieb, daß er die Reize
der Einsamkeit erschöpft habe, abgereist sey, und
mich in New=York wieder zu sehen hoffe. Dieser
Umstand veränderte unsern Reiseplan. Wir hatten

nun nichts Eiligeres zu thun, als quanto antes
in Canada einzudringen. Wir erfuhren, daß um
Mitternacht das Dampfboot Martha Ogden nach
Kings Town (in Canada) abgehen würde, und
benutzten dies. Die Martha Ogden war eine un=
selige Klappermühle, welche nachher ihren Lohn
für die Leiden empfing, die wir an ihrem Bord
ausstanden. Sie ist seitdem zu Grunde gegangen.
Sie war nur 40 Tonnen groß, und ihre Cajüte
so beklommen, daß wir die Nacht auf den Gütern
zubringen mußten, welche auf dem Verdeck lagen.
Nun entstand ein starker Wind und wir konnten
uns kaum festhalten, geschweige denn schlafen.
Erst um 10 Uhr am andern Morgen erreichten
wir eine Entfernung von 50 Meilen. Dieses war
Sacketharbour, woselbst der Capitain ohne Um=
stände einlief, seine Ladung löschte und eine andere
einnahm, worüber der beste Theil des Tages hin=
ging. Man hatte uns ganz diese Zwischenfahrt
verschwiegen, um unser Passage=Geld zu bekom=
men. — Solche Freiheiten nimmt man sich mit
dem Publikum im Lande der Freiheit! — —

Die größte Freiheit, die hier herrscht, ist die, daß man sich Freiheiten nimmt.

Wir hatten unsere Passage schon bezahlt, deshalb hielt uns der Capitain für ausgequetschte Citronen. Nennt man einen Lump nicht Gentleman, eine Bauerfrau nicht Lady, so ist man stolz. Diese Confusion der Stände untergräbt das moralische Princip. Ich habe Landmanns-Frauen im Federhut Kühe melken sehen. Ein komisches Gemisch von Rusticität und Eleganz ist es, was dem Europäer am meisten auffällt. Was der Vortheil dieser Gleichheit der Stände ist, verstehe ich nicht hier auseinander zu setzen, aber erfahren habe ich: sie raubt dem schlichten Mann seine größte Zierde, die Bescheidenheit, und dem Hochstehenden seine reinste Lust: durch Herablassung zu beglücken.

So wie jedes Unglück sein verborgenes Glück mit sich führt, so verschaffte uns der Aufenthalt in Sacketharbour Gelegenheit die Seemacht der Vereinigten Staaten auf diesem Gewässer zu besehen. Es liegen hier zwei Fregatten von **40** Kanonen zum Ablaufen bereit, welche aber schon im

letzten Kriege gebaut sind. Obgleich Häuser dar=
über gebaut, sind sie schwerlich ohne den Einfluß
der Zeit geblieben. Unweit der Stadt liegt eine
Abtheilung von regulairem Militair. Die Casernen
sind sehr reinlich und um einen großen Exercier=
platz gebaut. Sacketharbour scheint ein Grenzpunkt
von tactischer Wichtigkeit zu seyn, aber an und
für sich ein trauriges Nest. — Nachdem wir in
einem großen steinernen Wirthshause ein kärgliches
Mittagsbrod eingenommen, bemühte sich unser
Boot weiter zu kommen, aber mit so schlechtem
Erfolg, daß wir erst in der Nacht den Hafen von
Kingstown erreichten. Wir fanden dennoch bei
Meier daselbst ein gutes Unterkommen. — Der
Wirth servirte uns mit europäischer Höflichkeit ein
gutes Super; wir legten uns mit dem Wohlbe=
hagen des Sattseyns zu Bette und vergaßen die
Leiden unsrer schlechten Wasserfahrt im versöhnen=
den Arme des Morpheus.

Am andern Morgen zeigten uns Schilder mit
loyalen Namen und die rothen Uniformen, daß
wir uns in König Williams Gebiet befanden. —

Die Menschen haben hier nicht weniger einen be=
sondern Anstrich als die Gebäude; jene stechen durch
Haltung und Höflichkeit, wie diese durch Solidität
vortheilhaft gegen die ab, welche wir verlassen
hatten. Nachdem wir gefrühstückt, fanden wir den
Sir James Kempt (**Steamer**) schon geheizt, und
fuhren mit ihm den St. Lowrence=Fluß hinab.
Dieses Dampfschiff ist nach dem Gouverneur von
Canada genannt.

Kingston hat eine gute Lage an der Stelle,
wo der St. Lowrence=Fluß aus dem Ontario=See
fließt. Der Hafen ist gut und gehört der Marine.
Es liegen hier **10** Kriegsschiffe, und zwar von
der größten Klasse bis zu **130** Kanonen. Man
baut aber jetzt keine, daher wird, wenn es Friede
bleibt, die Marine mit der Zeit aufhören.

Als wir die Citadelle passirten, exercirte eine
Compagnie Artillerie. Man schoß nach einem auf
einem Felsen aufgesteckten Ziel, woran wir vor=
über fuhren; und wir sahen, daß die Kugeln
genau trafen. — Der Fluß enthält hier einen
großen Archipelagus, wodurch die Schifffahrt geht;

es sollen über tausend Inseln seyn, welche größ=
tentheils unbewohnt, aber alle bewaldet sind. —
Das rechte Ufer des Flusses ist republikanisch, das
linke englisch. — Ueber die Inseln ist man noch
nicht im Reinen.

Ende des dritten Bandes.